AF599616

SANAR LA ANSIEDAD

Técnicas de respiración consciente y desarrollo personal para transformar la ansiedad en la vida que deseas

Iván Sánchez

SANAR LA ANSIEDAD

Técnicas de respiración consciente y desarrollo personal
para transformar la ansiedad en la vida que deseas

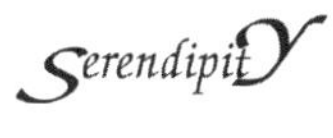

Desclée De Brouwer

Henao, 6 - 48009 Bilbao
www.edesclee.com
info@edesclee.com

ISBN: 978-84-330-3243-0
Depósito Legal: BI-01572-2023
Impresión: Grafo S.A. - Basauri

A mis padres.

ÍNDICE

PRÓLOGO

La ansiedad es solamente una argucia de la vida para hacerte florecer. Nada malo te va a pasar.

Este libro es simplemente una ayuda más para hacerlo más fácil y rápido.

En él he tratado de resumir todos los enfoques y prácticas que he ido aprendiendo durante años de trabajo como terapeuta, investigación y práctica personal para tratar la ansiedad y transformar su energía caótica y amenazante en paz y creatividad.

Se trata de un libro de trabajo, una herramienta en la que apoyarse para hacer las cosas más fáciles. El objetivo es ayudarte a integrar este aprendizaje que ahora estás viviendo y lograr el cambio que quieres lo más rápida y fácilmente posible.

La información que comparto en este libro es útil para cualquier persona interesada en su crecimiento personal, no solamente para las personas que están pasando por un proceso de ansiedad. Verás que está bastante comprimida. Te recomiendo leerlo poco a poco, dejando que la información se vaya integrando en tu mente paso a paso.

Debes saber también que yo mismo he pasado muchas veces a lo largo de mi vida por procesos de ansiedad y conozco todos sus aspectos negativos por experiencia propia. Lo más importante que puedo compartir contigo sobre estas experiencias es que en cada una de esas etapas la ansiedad nunca destruyó mi vida, sino que la transformó en una versión mucho más interesante.

Finalmente, me gustaría simplemente invitarte a que abras estas páginas con un espíritu de curiosidad y mente abierta y permitas que tu corazón decida qué información es importante para ti y cómo integrarla en tu vida.

INTRODUCCIÓN

Algunas formas de abordar la ansiedad

Existen diferentes maneras de abordar los procesos de ansiedad. En cierto modo todas ellas son correctas en la medida en que producen resultados. Pero lo primero que debes saber es que, pase lo que pase y dure lo que dure, la ansiedad es solamente un estado temporal de la mente. No te vas a quedar así. Tampoco te vas a morir ni te vas a volver loco. Pero este proceso necesita suceder, existir en tu vida, hasta que tú ya no lo necesites para tu propio crecimiento. Así pues, permite que tu miedo a estar enfermo se disipe y confía en que todo va a estar bien.

La negación

Algunas personas tratan de negar a toda costa la existencia de este proceso en su vida. Rechazan los sentimientos y emociones que la ansiedad les produce, e incluso rechazan la propia existencia de este proceso: sencillamente esto no les puede pasar a ellos. Cuando la persona entiende que la simple negación no va a eliminar los síntomas, con frecuencia acude a cualquier cosa que pueda silenciar todo lo que está sintiendo: comida, sexo, alcohol, drogas o entretenimiento de cualquier tipo. Ciertamente es posible silenciar las sensaciones de la ansiedad por un tiempo, pero no de forma indefinida. El resultado final de este proceso de tapar las sensaciones molestas siempre es el mismo: las soluciones fáciles hacen el problema más agudo y finalmente obligan a la persona a afrontar abiertamente la ansiedad.

Evitar hacerse responsable

Hay personas que no rechazan directamente la ansiedad, pero buscan una alternativa un poco más elaborada para eliminarla de sus vidas. Acuden a un profesional que les ayude a hacer algo para que esta desaparezca. Generalmente este algo consiste en tomar una medicación que tiene también el efecto de suprimir temporalmente los síntomas de la ansiedad.

Es recomendable que un profesional nos acompañe y supervise el uso de una medicación mientras sintamos que es necesario. El problema puede ser pensar que la medicación va a resolver definitivamente nuestro malestar. La medicación solamente puede silenciar temporalmente los síntomas, lo cual suele ser una alternativa razonable al principio del proceso, cuando la persona está muy asustada o siente mucho rechazo hacia lo que está viviendo. Sin embargo, después de un periodo de adaptación, es necesario que la persona comience a abrirse a su propio proceso para que este pueda completarse de forma sana y equilibrada. Si no es así, se corre el riesgo de hacerse dependiente de la medicación, del terapeuta, o de otros tratamientos.

Seguir un tratamiento

Hay personas que están más abiertas a su proceso, pero no se sienten seguras de poder hacerlo solas. Recurren a un profesional que los acompañe sin intentar silenciar el proceso a base de medicación.

Habitualmente siguen una terapia que no incluye el uso de medicación o bien se trata de una medicación suave y breve. Después de un tiempo estas personas generalmente son capaces de gestionar el proceso por sí mismas. Buscar el apoyo adecuado para tratar la ansiedad es a menudo la decisión más inteligente que podemos tomar y no debe causarnos ningún apuro hacerlo. Sin embargo, debemos evitar el impulso de liberarnos de nuestra propia responsabilidad en el proceso, y un buen profesional nunca te animará a hacerlo.

Utilizar la ansiedad para tu desarrollo personal

Este es el enfoque más consciente y el que vamos a ver en este libro. Este planteamiento no te impide seguir un tratamiento, tomar medicación si la necesitas, o hacer las cosas de la manera que sientas mejor para ti. Sin embargo, esta forma de abordar el proceso que estás viviendo requiere de ti un esfuerzo adicional, requiere que seas capaz de mirar dentro de ti y hacerte responsable de todo lo que estas experimentando. Este abordaje significa que estás dispuesto a asumir que la ansiedad es una energía que te pertenece y que solamente tú puedes gestionar. Y significa también que estás dispuesto a aprender a utilizar las herramientas necesarias para manejar esta energía por ti mismo.

A cambio de ese esfuerzo adicional, utilizar la ansiedad para tu desarrollo personal te ofrece dos enormes ventajas:

La primera es que podrás atravesar el proceso de la ansiedad mucho más rápidamente y con muchas menos molestias. Cuando digo mucho más deprisa quiero decir por lo menos el doble de rápido. Para muchas personas adoptar este enfoque puede significar completar un proceso de bastantes meses en semanas o días.

La segunda ventaja es que abordar la ansiedad de esta manera te permite acceder a tu propia fuente ilimitada de creatividad y energía vital para crear la vida que deseas.

Por último, debo decirte también que este enfoque no es simplemente otro enfoque más. Esta forma de abordar la ansiedad es la manera en la cual la ansiedad debe ser abordada para poder cumplir su propósito en tu vida.

La ansiedad no es tu enemigo, no es un peligro y no quiere hacerte la vida imposible. Aunque ahora te pueda resultar difícil de creer, la ansiedad es tu aliada y está aquí para llenar tu vida de bendiciones.

Comprender en lugar de eliminar

A medida que avances en tu propio proceso vas a ver cada vez más claro que la clave de todo está en comprender. Comprender es curar. Se trata de un enfoque que no consiste en quitar o eliminar sino en integrar. La comprensión es una forma de aceptación e integración consciente de algo que antes negábamos u ocultábamos consciente o inconscientemente. Así pues, el primer objetivo de toda esta información es ayudarte a comprender. Y si has encontrado y estás leyendo este libro es precisamente porque necesitas algo de ayuda para comprender. *El proceso mismo de comprender la ansiedad es su curación.*

Este libro ha sido escrito con la intención de que su lectura te permita comprender lo más profundamente posible lo que está sucediendo en tu vida y en tu mente. En primer lugar, comprender lo que sucede evita todos los miedos y obsesiones irracionales que hacen esta situación más confusa y difícil. En segundo lugar, comprender lo que está pasando te permite dar los pasos adecuados y actuar eficazmente sobre este asunto.

Para comprender esta problemática necesitarás entender algunos aspectos clave sobre el funcionamiento de tu mente. Pero también necesitas profundizar y experimentar contigo mismo, no se trata solamente de entender las cosas a nivel intelectual. Para ello te he propuesto algunos ejercicios sencillos que te permitirán profundizar en las raíces de tu proceso. Si quieres obtener el mayor beneficio de la lectura de este libro te recomiendo que sigas todo el proceso paso a paso y tomes todo el tiempo que necesites. También es buena idea que leas el libro varias veces, en cada una podrás alcanzar una mayor comprensión sobre ti mismo y sanar capas más profundas de tu ser interno.

Técnicas y metodologías

Existen muchos métodos para tratar la ansiedad y muchas personas que viven procesos de ansiedad de diferente intensidad en distintas etapas de la vida. No todas las técnicas son adecuadas para todas las situaciones. Este libro trata de llegar al espectro de casos más amplio posible ofreciendo un abanico de prácticas y enfoques que cubra todas las necesidades. Pero cada persona debe analizar por sí misma qué prácticas le son más útiles en su proceso. Cuando algún ejercicio o algún abordaje no sea indicado para todos los casos lo comentaremos. Como regla general, las personas que necesitan tomar medicación para la ansiedad o cualquier otro tipo de medicación psiquiátrica deberán ser más suaves e ir más despacio en su proceso. Si este es tu caso, consulta con tu médico o terapeuta siempre que tengas dudas.

Muchas de las prácticas que vamos a ver proceden directamente o están inspiradas en el Rebirthing Breathwork. Esta es la modalidad de trabajo personal que enseño y que me parece más eficaz para muchas personas. Otros ejercicios pertenecen a metodologías distintas, y algunas ideas tienen que ver directamente con mi experiencia terapéutica y con mi propio proceso personal con la ansiedad. Sin embargo, debes tener muy presente que el éxito del trabajo depende principalmente de la actitud y la apertura interna que uno mismo tiene ante su proceso, y no tanto de la técnica. Alguien que está realmente comprometido con el trabajo de transformar su vida puede aprovechar muchas metodologías diferentes, y algunas personas incluso pueden hacer el proceso sin ayuda externa de ningún tipo. Mientras que una persona que tiene fuerte resistencia al cambio necesitará mucha ayuda y encontrará ineficaces la mayoría de los abordajes.

Ahora quiero explicarte brevemente qué es la respiración consciente (o trabajo de respiración) y qué es el Renacimiento o Rebirthing Breathwork para que puedas ubicarte un poco mejor en relación con estas metodologías. En principio, cualquier disciplina que utiliza la respiración como herramienta de sanación o autoconocimiento puede decirse que trabaja con la respiración consciente. El término "respiración consciente" se refiere simplemente a un método de respiración que implica una atención deliberada sobre la propia respiración. Dentro de esta categoría entrarían las diferentes técnicas de pranayama que se emplean en yoga, técnicas de meditación basadas en la respiración como el vipassana o la atención plena (mindfulness), ejercicios de respiración utilizados en otras disciplinas psicofísicas como el chikung o el daoyin, y también los diferentes métodos de respiración circular que se derivaron del Rebirthing Breathwork original.

Rebirthing Breathwork o Renacimiento es una modalidad de respiración consciente que es capaz de inducir un estado especial de relajación en el cual es posible liberar todo tipo de bloqueos y memorias traumáticas, específicamente las memorias prenatales y del nacimiento. Es una forma de respiración nasal circular (no hay pausa entre la inhalación y la exhalación) que permite a la persona conectarse directamente con la energía y liberar cualquier tensión física, mental y emocional simplemente respirando. Es también la primera metodología terapéutica que apareció en Occidente basada fundamentalmente en la respiración. El Rebirthing Breathwork fue desarrollado por Leonard Orr a principios de los años setenta, y a partir de este método surgieron otras variantes más o menos alejadas de la técnica original. Algunas de ellas continuaron llamándose rebirthing y otras se denominaron de diferentes maneras (respiración holotrópica, vivation, liberation breathing y otras).

Como veremos un poco más adelante, la respiración mantiene un vínculo muy íntimo con los procesos mentales. Por este motivo algunas técnicas de respiración resultan muy eficaces para aliviar y controlar la ansiedad. Pero esto no quiere decir que cualquier técnica de respiración sea útil o indicada para tratar cualquier proceso de ansiedad. De hecho, algunas técnicas pueden resultar contraproducentes en muchos casos. No te recomiendo que practiques kundalini yoga, ni ejercicios intensos de pranayama como kapalabhati o bhastrika, ni respiración holotrópica, ni ninguna terapia de respiración en grupo. Todas estas son técnicas demasiado potentes para trabajar con la ansiedad y pueden crear inestabilidad muy fácilmente.

En el capítulo sexto explico las técnicas de respiración más eficaces con la ansiedad para cualquier persona y hablo también del proceso de sanación a través de sesiones de Renacimiento con la técnica original tal como fue desarrollada por Leonard Orr. Este trabajo a través de sesiones individuales de respiración es un abordaje especial que debe hacerse siempre con un renacedor certificado que trabaje exclusivamente con sesiones individuales. Es una manera muy rápida de trabajar la ansiedad y muy eficaz para muchas personas, pero solamente deben hacerlo aquellos que no necesitan tomar medicación para la ansiedad ni ningún otro tipo de medicación psiquiátrica. Las personas que están siguiendo un tratamiento de este tipo deben completarlo y cuando ya no necesiten más medicación pueden comenzar a tomar sesiones de respiración.

¿Por qué no es recomendable hacer sesiones de Renacimiento si estás tomando medicación? Si una persona está tomando medicación para la ansiedad quiere decir que todavía necesita tiempo para sentirse segura con sus propias emociones. Para poder trabajar con sesiones de Renacimiento es necesario que la persona pueda experimentar plenamente sus emociones mientras está respirando en la sesión. Si no es así, entonces el trabajo simplemente resulta ineficaz. Por otro lado, la propia medicación dificulta enormemente el proceso. Es bastante probable que pierdas el tiempo y el dinero, y tal vez la oportunidad de aprovechar esta maravillosa herramienta un poco más adelante. También existe el riesgo de conectar con una emoción que todavía no has aprendido a manejar y, aunque esto realmente no supone un riesgo para la salud, no te sentirías bien, e incluso podrías tener ansiedad. Por lo demás, como vamos a ir viendo en los próximos capítulos, existen otras muchas dinámicas y métodos que se utilizan en Renacimiento perfectamente aplicables para cualquier persona.

Como veremos un poco más adelante, la mayoría de las variantes del Rebirthing original resultan demasiado intensas para trabajar la ansiedad. De todas las terapias basadas en la respiración, el Rebirthing Breathwork original, tal como fue desarrollado hasta el año 2019 por Leonard Orr, es la técnica que permite un proceso de sanación más suave y adaptado a la persona, y es también el método de respiración más depurado y eficaz para liberar emociones bloqueadas. Así pues, para aquellas personas que no necesitan tomar medicación, esta es la técnica más recomendable. Siempre con un renacedor certificado en sesiones individuales. De nuevo, la respiración holotrópica (a veces también llamada respiración holoscópica) y cualquier forma de Renacimiento grupal o práctica de respiración en grupo, aunque están bastante extendidas, no son recomendables en ningún caso a personas que estén en un proceso de ansiedad con o sin medicación porque son demasiado intensas.

Por supuesto, te prevengo de que te aventures con psicotrópicos, ayahuasca, hongos, ni sustancias que alteren la percepción de ninguna manera. Para las personas que están en un proceso de ansiedad estos métodos resultan aún más agresivos y pueden alargar el proceso además de hacerlo bastante desagradable. De hecho, el consumo de drogas y psicotrópicos es uno de los factores que pueden activar la ansiedad.

La meditación es en general una práctica que puede ayudar a aliviar muchos casos. Como regla general, cuánto más sencilla es la técnica más eficaz suele ser. La meditación vipassana y el mindfulness son dos metodologías recomendables que pueden ser muy útiles como complemento de otros abordajes.

Algunas ideas preliminares

Antes de empezar me gustaría presentarte algunas ideas básicas que es importante entender para poder hacer un proceso suave y eficaz, y para poder aprovechar al máximo esta lectura. Son ideas que se refieren principalmente a la actitud correcta para superar fácilmente este proceso que ahora estás viviendo.

La ansiedad es un proceso temporal

Cuando las personas tenemos ansiedad vivimos un grado bastante alto de desesperación y preocupación. En cierto modo la ansiedad es un proceso parecido a la descompresión de una olla a presión. Después de un tiempo al fuego, la presión y el calor dentro de la olla hacen que el vapor salga con mucha fuerza cuando abrimos la válvula.

Cuando se activa un proceso de ansiedad se parece a cuando abrimos la válvula de una olla a presión: todo el material emocional acumulado y reprimido durante años que hierve dentro de nosotros empieza a salir con mucha fuerza. A veces incluso sentimos como si nos quemara por dentro. Es una situación realmente desagradable y que puede crear bastante desazón, pero por muy molesto que resulte siempre se trata de una situación temporal, y no es peligrosa. Así pues, si en este momento de tu vida estás atravesando un proceso de ansiedad recuerda que estás sintiendo los calores más agobiantes del proceso, y que después de un tiempo todos los síntomas van a empezar a suavizarse.

¿Durante cuánto tiempo te vas a sentir así? Esto depende de varios factores, principalmente de la cantidad de material emocional reprimido que haya en tu mente y de tu propia actitud y apertura a tu proceso de sanación. Para una persona que está muy cerrada a su propia sanación el proceso puede llegar a durar años si la ansiedad es suprimida mediante medicación. Si la persona está internamente abierta a sanar todo el proceso de la ansiedad puede disolverse en pocas semanas o días.

La ansiedad no es peligrosa

La segunda idea que deseo compartir contigo es la siguiente: la ansiedad no quiere decir que estás muriéndote ni volviéndote loco, sólo quiere decir que estás cambiando. Muy a menudo la ansiedad va acompañada de un miedo irracional a morir y a perder la razón.

En las próximas páginas hablaremos sobre el origen de estos dos miedos, pero en este momento es importante que puedas simplemente aceptar que se trata de un temor irracional que no se hará realidad.

La ansiedad es el comienzo de un cambio positivo

Por tanto, la siguiente idea sobre la que me gustaría llamar tu atención es que la ansiedad no es el principio del desastre sino el comienzo de lo maravilloso.

La ansiedad representa de hecho la llegada de un enorme impulso creativo a tu vida que no solamente va a generar cambios positivos para ti, sino que te va a ayudar a desarrollar las habilidades y fortalecer los aspectos de ti mismo que necesitas para crear la vida que deseas.

Esta energía creativa va a sanar y liberar emociones y pensamientos negativos de tu mente que ya no tienen ninguna función constructiva en tu vida y sin embargo causan sufrimiento y malestar.

La pura verdad es que la ansiedad es solamente el principio de un cambio a mejor en tu vida. De hecho, es bastante probable que dentro de algún tiempo veas este proceso como una bendición.

Si quieres usar estas palabras puedes decir que la ansiedad es un umbral, un salto evolutivo de tu propia mente. La ansiedad es una invitación de la Vida a Vivir. Nuestra vida siente ansiedad por no ser vivida plenamente.

Sin embargo, esto no significa que la ansiedad sea un proceso agradable. La ansiedad es una crisis, y las crisis siempre son desagradables. Como la semilla que se rompe para dar lugar a una plantita, nuestra conciencia también sufre una transformación que a menudo experimentamos con dolor para dar lugar a una conciencia más integradora y amorosa.

El bienestar no es siempre el estado natural de la mente, y tampoco es siempre el estado correcto. Ser feliz no significa sentirse siempre bien, ni tampoco consiste en evitar cualquier sensación física o emocional desagradable. Sentirse siempre bien y nunca tener sensaciones desagradables simplemente no es posible porque la experiencia humana requiere también del aprendizaje a través de lo desconocido e incómodo. Ser feliz significa estar muy vivo y consciente de uno mismo. Y ello a veces implica experimentar sensaciones físicas y emocionales incómodas, poco familiares o molestas. Ser feliz depende pues de nuestra capacidad para abrazar todos los cambios que la vida nos trae y fluir suave e inteligentemente a través de ellos.

Y a medida que aprendemos a fluir con nuestra vida de esta forma también vamos descubriendo una felicidad mucho más viva, auténtica, profunda y bella que el simple bienestar. Esta felicidad plena es exactamente lo que estás buscando. Y esta felicidad también te está buscando a ti.

La ansiedad es un proceso natural de crecimiento interno

Algo que es importante entender sobre esta problemática es que *la ansiedad es un proceso natural de crecimiento interno.* La ansiedad es una reacción natural de nuestra mente ante los cambios que la vida nos trae.

De hecho, se puede decir que la ansiedad es la expresión de una mente sana y despierta. Es un indicador bastante fiable que muestra el nivel de sensibilidad, inteligencia y apertura de mente de una persona. Cualquier individuo con un grado mínimo de sensibilidad e inteligencia está expuesto a vivir procesos de ansiedad a lo largo de su vida. Solamente las personas con una mentalidad extremadamente rígida pueden pasar por esta vida sin experimentar ningún momento de ansiedad. En este caso las experiencias de vida serán más limitadas y menos divertidas, y las tensiones internas que no pueden liberarse a través del proceso de ansiedad tenderán a crear desequilibrios en otras áreas de la vida, frecuentemente afectando a la salud del cuerpo.

Y en este punto necesito llamar urgentemente tu atención sobre dos aspectos de este asunto:

En primer lugar, cuando las personas asumimos la idea de que padecemos una enfermedad mental por experimentar ansiedad, implícitamente estamos entregando una parte importante de nuestro poder personal. Estamos diciéndonos a nosotros y a los demás algo así como "no soy capaz de manejar mi propia mente porque mi mente funciona mal y yo no sé cómo arreglar eso". Y en el caso de la ansiedad esta creencia no solamente es falsa, sino que alarga y dificulta innecesariamente el proceso. La ansiedad indica en realidad que la mente funciona como debe funcionar.

Uno de los factores más importantes a la hora de abordar la ansiedad con eficacia es el nivel de responsabilidad que estamos dispuestos a asumir en nuestro propio proceso. Cuanto más alto sea este nivel de responsabilidad más rápido y fácilmente lo resolveremos. Y viceversa, cuanta más importancia le demos a factores externos, más lento y difícil será nuestro proceso.

En este caso la responsabilidad que se nos pide asumir se refiere fundamentalmente a hacer todo lo que podamos por tomar el control de nuestra mente con nuestros propios recursos.

El segundo lugar, creer que tenemos una enfermedad mental a menudo nos hace sentir avergonzados e inadecuados para muchas experiencias que harían nuestra vida más plena.

Recuerda siempre esto: la ansiedad es la expresión de una resistencia mental al cambio. Esta forma de resistencia se va a dar en la mayoría de las personas en algún momento de sus vidas. No hay nada que esconder ni de lo que avergonzarse.

Y es igualmente cierto que la mayoría de las personas viven estas etapas en secreto por miedo a ser juzgadas y catalogadas como enfermos mentales, y también por miedo a padecer realmente una patología mental.

Estos miedos infundados solamente contribuyen a que la gente se sienta más sola en su proceso. La ansiedad no es un indicador de enfermedad mental sino un indicador de inteligencia, coraje y sensibilidad. Es importante que tengas esto en mente en todo momento.

La era de la comunicación

Por otro lado, el momento histórico que estamos viviendo es altamente propicio para las crisis de ansiedad. Y esto no es algo malo. El hecho de que la ansiedad sea un fenómeno creciente en la sociedad actual es en realidad la señal de un cambio positivo en el mundo, es un signo de que la sociedad y las personas estamos evolucionando, haciéndonos más conscientes, responsables, libres y amables.

El desarrollo de las tecnologías de la comunicación durante los últimos años ha hecho posible que las interacciones entre los seres humanos se multipliquen exponencialmente. Incluso aunque no seas un usuario habitual, tu vida está inevitablemente expuesta a los cambios que estas tecnologías están provocando en la sociedad y en las personas. A través de las nuevas tecnologías de la comunicación nos encontramos en todo momento en contacto directo con miles de personas. La mayor causa de cambios en la mente y en la vida de una persona es su interacción con otras personas. Por lo tanto, este solo hecho es suficiente para provocar cambios vertiginosos en la vida todos los individuos.

Pero además de esto, las tecnologías de la comunicación hacen que nuestra mente esté expuesta a cantidades cada vez mayores de información nueva. Y la información nueva es otro factor importantísimo de cambio en las estructuras de la mente.

Otro aspecto muy importante a tener en cuenta es que estamos experimentando cambios culturales profundos a escala planetaria debido a los diferentes desafíos que afronta nuestra civilización: enfermedades, problemas económicos, conflictos bélicos, crisis ambiental, etcétera. Todos estos cambios nos afectan individualmente a un nivel muy profundo, impactando de una forma que aún no podemos calibrar en nuestro estilo de vida y en nuestra manera de pensar.

La ansiedad es una resistencia mental al cambio, así pues, en medio de una sociedad que está viviendo cambios drásticos a un ritmo acelerado, la ansiedad es un proceso habitual y en muchos casos prácticamente inevitable.

Lo cierto es que sólo una mente extraordinariamente rígida es capaz de mantenerse insensible a los cambios, y eso no es precisamente una ventaja. La ansiedad indica la capacidad de nuestra conciencia para evolucionar, adaptarse y superar sus propias limitaciones.

La ansiedad es un mensaje de tu ser profundo

Si la ansiedad no es una enfermedad de la mente, ¿de qué se trata entonces?

La ansiedad es la única manera que la parte de ti a la que llamamos el alma ha encontrado para poder comunicarse contigo en este momento de tu vida.

Esta parte profunda de nosotros está siempre intentando comunicarse para que podamos vivir felices y en paz. Pero a medida que nos hacemos adultos también vamos haciéndonos cada vez más sordos a sus mensajes. Hasta que, finalmente, la parte profunda de nosotros no tiene más remedio que hacerse escuchar a través una llamada ineludible: la ansiedad.

Para cada persona la ansiedad trae un mensaje personal. Pero en casi todos los casos esta llamada contiene cuatro requerimientos urgentes:

deja de resistirte
escúchate a ti mismo
sé auténtico
hazte responsable

La ansiedad es el comienzo del despertar de la conciencia

Para muchas personas la ansiedad es el principio de lo que comúnmente se conoce como "despertar de la conciencia". Este proceso es simplemente un camino de maduración natural que nos permite hacernos seres humanos cada vez más libres, responsables y respetuosos con las personas y el entorno. Todo lo que se trata en estas páginas tiene que ver con este proceso de crecimiento y maduración de la conciencia, por tanto, cualquier persona que tenga interés en aprender a gestionar conscientemente su propio proceso de crecimiento puede obtener ayuda de este libro.

El despertar de la conciencia es el proceso por el cual las personas nos hacemos conscientes de la inteligencia superior que guía nuestras vidas y de cómo interviene en nuestro mundo. Se trata de un proceso gradual. Todos somos conscientes de esta fuerza en algún nivel. Pero algunas personas tienen una inclinación natural a explorar este aspecto de la existencia. Quienes presentan esta tendencia a menudo pasan por profundas crisis y experiencias intensas a lo largo de sus vidas. Estas situaciones y procesos les ayudan a entender y profundizar en su relación consciente con esta fuerza inteligente.

El despertar de la conciencia es también un proceso de sanación y desarrollo personal. Para que las personas puedan tener una conexión más fuerte con esta inteligencia necesitan liberarse, al menos de forma parcial, de su condicionamiento familiar y social; necesitan poder superar los límites de su propia mente. Y esto quiere decir que deben sanar heridas de la infancia, pues son estas heridas las que mantienen a las personas dependientes de las programaciones recibidas a través de la familia y la sociedad.

¿Por qué aparece la ansiedad en el despertar? El momento en el que los límites de nuestra mente comienzan a expandirse a menudo se experimenta con un profundo y misterioso temor. Es muy frecuente que esta primera crisis de ansiedad tenga lugar durante la juventud, cuando el individuo abandona el hogar familiar. Justamente este es el momento en el cual el condicionamiento familiar empieza a perder fuerza. El joven sale al mundo a descubrir la vida, a descubrirse a sí mismo. El niño se hace adulto y ello supone renunciar a lo que sus padres le han contado sobre la vida y también a lo que cree de sí mismo. Eso puede llegar a dar bastante miedo a un nivel inconsciente. Un miedo extraño y silencioso que no se sabe bien de dónde procede.

En las próximas páginas vamos a descubrir juntos cómo este temor oculto se origina en esa parte de nosotros que teme perderse en la vida y perder el amor de las personas que nos han cuidado.

Otras personas experimentan su primera crisis de ansiedad más adelante, y cada vez más personas lo hacen durante la adolescencia. Hay personas que experimentan la ansiedad por primera vez después de una ruptura sentimental, un noviazgo o un matrimonio. Algunos viven su primera crisis de ansiedad con la pérdida de un ser querido. Hay quienes que tienen su primer contacto con la ansiedad después de un fracaso o incluso después de un gran éxito profesional. Hay otros que lo experimentan cuando tienen su primer hijo. Y también hay personas que viven esta crisis al llegar la jubilación.

Como veremos más adelante, todas las situaciones propicias para una crisis de ansiedad tienen algo en común: en cada una de ellas el individuo se ve obligado a hacer una íntima reevaluación de cómo se percibe a sí mismo.

La ansiedad suele manifestarse como una crisis que dura el tiempo que la persona tarda en construir un nuevo yo, una nueva imagen de sí mismo adaptada a la nueva etapa de su vida. En todos los casos, la ansiedad siempre es una oportunidad para expandir nuestra conciencia y sanar heridas de la infancia. Para la mayoría de las personas esta crisis de ansiedad puede ser la única, o bien puede ser que experimente procesos de ansiedad en etapas posteriores de su vida, pero de una manera cada vez más suave. Cuando una persona tarda mucho tiempo en superar una crisis de ansiedad puede ser porque el cambio de identidad que está experimentando es muy grande o bien porque su resistencia al cambio que la vida le propone también es muy grande. Cuando una persona tiene crisis de ansiedad a lo largo de diferentes periodos de su vida de una forma recurrente quiere decir que tiene muchos traumas de la infancia que sanar, y cada una de esas crisis es una oportunidad para hacerlo. A medida que avanzamos en nuestra sanación la frecuencia y la intensidad de los procesos de ansiedad disminuyen. A lo largo de los próximos capítulos veremos cómo ocurre todo esto.

Observaciones

Me gustaría hacer dos últimas observaciones antes de comenzar a trabajar:

Este libro no debe tomarse como un sustituto de un tratamiento para la ansiedad si lo necesitas. Si estás haciendo un tratamiento, continúalo hasta que lo hayas completado. Este libro puede simplemente ayudarte a hacerlo más rápido y fácil para ti.

Los resultados que obtengas dependen fundamentalmente de ti, de tu apertura y de tu compromiso contigo mismo. Tú eres la única persona que puede asumir la responsabilidad por tu crecimiento y equilibrio mental. Lo que sí es posible garantizar es que, si estás dispuesto a caminar, esta información te ayudará a llegar más lejos y más rápido.

1

LOS MENSAJES DEL ALMA

El alma es la parte de nosotros que sabe las cosas directamente, sin necesidad de pensar. Decir alma quiere decir también ser interno, cuerpo energético o nuestra verdadera naturaleza. Es nuestra voz interior que siempre intenta guiarnos para que seamos felices y vivamos en paz. Cuando somos niños tenemos una conexión natural y espontánea con esta parte de nosotros e intuitivamente nos dejamos guiar por ella.

El alma no es algo complicado, no da discursos ni explicaciones científicas, no habla con un lenguaje intelectual, es más bien una fuerza que guía de una forma muy simple a través de sensaciones intuitivas sobre el mundo y las personas. Sin embargo, a medida que vamos creciendo, la educación que recibimos a través de la familia y la sociedad nos va desconectando de esta guía interior. Entonces nuestra mente comienza a llenarse de un diálogo interno cada vez más pesado y ruidoso hasta que ya no podemos captar el susurro de nuestro ser interno. Cuando ya no podemos oír la voz del alma entre tanto ruido mental ella empieza a buscar otras maneras de comunicarse con nosotros. La ansiedad es una de esas maneras en las cuales esta voz intenta hacerse oír cuando estamos demasiado sordos para percibir sus mensajes.

Hazte responsable

La ansiedad indica que nuestra parte adulta está un poco dormida y la parte infantil de nuestra personalidad está intentando tomar el control de nuestra vida. Esto quiere decir también que nuestra vida y nuestra mente están funcionando con demasiada frecuencia en modo automático, siguiendo patrones, pensamientos y actitudes que son más una reacción impulsiva que fruto de una decisión consciente.

La ansiedad es un mensaje de tu alma para que empieces a tomar las riendas de tu vida y de tu mente, pues la mente es el timón de tu vida.

De todas las cosas que puedes hacer, *asumir la plena responsabilidad sobre ti mismo es el factor que más va a facilitar el proceso a través de la ansiedad.* Cuanta más responsabilidad estés dispuesto a asumir sobre tu vida y sobre tus pensamientos más rápidamente superarás esta etapa. Del mismo modo, cuánto más insistentemente busques el origen de los problemas de tu vida y de tu mente fuera de ti mismo, más tiempo y esfuerzo necesitarás para atravesar este proceso.

A medida que vayas encontrando las causas de tus dificultades y malestar dentro de ti observarás que la ansiedad comienza a aliviarse. Sin embargo, mientras permanecemos enganchados a pensamientos de victimismo e impotencia la ansiedad toma el control de nuestra mente con facilidad y lo suelta con esfuerzo.

Controlar tus pensamientos al principio puede resultar un desafío, pero no es algo imposible de hacer, y con la práctica observarás que cada vez resulta más sencillo. De hecho, aprender a controlar nuestra mente es algo que todas las personas necesitamos hacer para que nuestra vida funcione. La ansiedad solamente indica que ya no podemos seguir aplazando esta tarea.

Asumir nuestra responsabilidad nos permite recuperar una gran cantidad de energía dispersa en nuestra vida, y esta energía nos permite gestionar nuestra mente de manera eficaz. Sin embargo, cuando nuestra energía se disipa a través de una conducta compulsiva nuestra mente también empieza a volverse incontrolable.

Ejercicio 1

Recuperando tu energía dispersa

Para empezar a recuperar energía dispersa te propongo comenzar con el siguiente ejercicio. Es una dinámica muy eficaz basada en una técnica que está descrita en detalle en el libro *Las enseñanzas de don Carlos,* de Víctor Sánchez. Este ejercicio te ayudará a entender dónde están los puntos de fuga por los que se escapa tu energía y que hacen que tu mente opere en modo automático generando ansiedad. A medida que vayas descubriendo estos puntos de fuga podrás ir adoptando hábitos nuevos que darán a tu vida un nivel mucho más alto de orden y estabilidad, y la ansiedad tendrá cada vez menos espacio en tu vida y en tu mente.

El ejercicio consiste en hacer un inventario de todas las actividades que desarrollas a lo largo del día para que puedas ver lo que estás haciendo de forma rutinaria y sin preguntarte si tiene sentido para ti o si te hace feliz.

El inventario consiste en una cuadrícula ordenada por días de la semana y horas del día en la que debes anotar cada cosa que estés haciendo. Debes observar también cómo te sientes haciendo cada cosa que apuntas.

Es probable que entre estos patrones encuentres hábitos poco saludables e incluso adicciones, actividades y relaciones que no te llenan y consumen tu tiempo y tu energía, alimentación irregular y poco saludable, y otras formas de actividad compulsiva como ver demasiado la televisión o internet. Dedica una semana a hacer este ejercicio a conciencia y, una vez que hayas identificado cuáles son tus hábitos inconscientes y que desgastan tu energía, podrás ir ocupando ese tiempo en practicar los ejercicios que vamos a aprender. Esta práctica facilitará y acortará tu proceso de ansiedad muchísimo si le dedicas plena atención. Solamente necesitas copiar la siguiente plantilla a tamaño grande para rellenar cada casilla durante los próximos siete días. Debes tener esta plantilla en algún lugar donde siempre esté a la vista, como la pared de la cocina o de tu dormitorio. Si tienes un despacho o lugar de trabajo ese sería el sitio ideal. Si tu jornada es más larga puedes añadir a la cuadrícula las horas que falten.

Cuando hayas completado los siete días puedes empezar utilizar la plantilla para reorganizar tu jornada y empezar a sustituir tus hábitos negativos por hábitos que incorporen orden y equilibrio a tu mente y a tu vida.

	lunes	**martes**	**miércoles**	**jueves**	**viernes**	**sábado**	**domingo**
7.00 - 8.00							
8.00 - 9.00							
9.00 -10.00							
10.00 - 11.00							
11.00- 12.00							
12.00 -13.00							
13.00 -14.00							
14.00- 15.00							

15.00 - 16.00							
16.00 - 17.00							
17.00 - 18.00							
18.00 - 19.00							
19.00 - 20.00							
20.00 -21.00							
21.00 - 22.00							
22.00 - 23.00							
23.00 - 24.00							
00.00 - 01.00							
01.00 - 02.00							
02.00 - 03.00							
03.00 - 04.00							

Deja de resistirte

La ansiedad pone de manifiesto una fuerte resistencia a los cambios que estás viviendo en tu vida y a las sensaciones internas que estos cambios están produciendo. Esta resistencia es un mecanismo automático de defensa de la mente. Se trata de algo completamente normal, sin embargo, también es algo que causa malestar y sufrimiento y puede alargar y dificultar bastante el proceso que estás viviendo.

Por ello es importante que empieces a cultivar dentro de ti un nuevo enfoque hacia la vida y una actitud de aceptación hacia ti mismo y hacia las experiencias que la vida te trae. Por muy difícil que parezca y por muy desagradables que estas experiencias y sensaciones internas resulten debes confiar en que están guiadas por una inteligencia capaz de ver qué es mejor para ti y dirigirte hacia una forma de vida que te permita sentirte feliz y satisfecho.

Aunque tu vida ahora parezca un rompecabezas donde ninguna pieza está en su lugar, de este caos surgirá un orden mucho más adecuado para tus aspiraciones y deseos profundos.

Muchas de las piezas irán encajando por sí mismas con el simple hecho de dejar de luchar contra lo que estás viviendo. Otras tendrás que colocarlas tú mismo, pero cuando tu mente esté tranquila. Finalmente, a medida que tu proceso y tu desarrollo interior avancen, descubrirás que el puzle revela majestuosas imágenes de lo que tu vida puede llegar a ser si lo permites.

Ejercicio 2

Afirmación

Una vez hayas hecho el primer ejercicio repite mentalmente durante los próximos tres días esta afirmación (cinco minutos en el momento de levantarte de la cama):

La vida está siempre cuidando de mí.

Ejercicio 3

Hacer las paces con la ansiedad

La verdad de la ansiedad es que en ella reside el impulso y la energía que necesitas para vivir como de verdad deseas. Pero es necesario dar a esa energía la dirección correcta para que llene tu vida de creatividad, alegría y equilibrio, en vez de generar desequilibrio y malestar.

Una vez que le permitas tener un espacio dentro de ti, la tensión que la ansiedad está creando empezará a equilibrarse por sí misma y el proceso comenzará a ser mucho más fácil.

Te propongo el siguiente ejercicio para que puedas empezar a rebajar la tensión que la ansiedad está creando en tu vida: se trata de traer a la conciencia todos los miedos irracionales que la ansiedad despierta en tu mente. Tómate el tiempo que necesites, este es un ejercicio que puede resultar intenso, pero es muy importante que puedas mirar directamente a la ansiedad para neutralizar sus efectos en tu mente.

Ten a mano papel y bolígrafo. Al principio de la hoja escribe la siguiente afirmación:

Algo que me da miedo cuando siento ansiedad es...

Completa la afirmación con el temor que despierta en tu mente la ansiedad. Por ejemplo:

Algo que me da miedo cuando siento ansiedad
es que pueda estar enfermo.

Continúa escribiendo y completando la afirmación con toda la información que seas capaz de encontrar en tu mente. Cuanto más específico seas mejor. Por ejemplo: "Algo que me da miedo cuando siento ansiedad es que pueda estar enfermo, porque temo que las sensaciones de punzadas en el pecho que siento a veces sean síntoma de una enfermedad cardiaca".

Deberías poder completar al menos un folio por una cara. Cuanto más tiempo y espacio puedas dedicarle mejores resultados obtendrás. Intenta primero hacer este ejercicio sin ayuda. Si después de unos minutos realmente se te ocurren muy pocos miedos que escribir puedes ver el siguiente ejemplo. También puedes leer el ejemplo después de haber completado un folio con tus propios miedos.

Ejemplo:

Algo que me da miedo cuando siento ansiedad es que pueda darme un ataque al corazón.

Algo que me da miedo cuando siento ansiedad es que cada vez se haga más intensa y no se me pase.

Algo que me da miedo cuando siento ansiedad es que me esté volviendo loco.

Algo que me da miedo cuando siento ansiedad es que me pueda morir.

Algo que me da miedo cuando siento ansiedad es que me desmaye.

Algo que me da miedo cuando siento ansiedad es lo sepan otras personas.

Algo que me da miedo cuando siento ansiedad es que me juzguen y piensen que estoy loco.

Algo que me da miedo cuando siento ansiedad es que me tengan que ingresar en un hospital.

Algo que me da miedo cuando siento ansiedad es que tenga un accidente de tráfico.

Algo que me da miedo cuando siento ansiedad es que lo sepan mis amigos.

Algo que me da miedo cuando siento ansiedad es que lo sepa mi familia.

Algo que me da miedo cuando siento ansiedad es no poder cuidar de mis hijos.

Algo que me da miedo cuando siento ansiedad es perder mi trabajo.

Algo que me da miedo cuando siento ansiedad es que me juzguen y piensen que soy un débil mental.

Algo que me da miedo cuando siento ansiedad es que piensen que soy un quejica.

Algo que me da miedo cuando siento ansiedad es que piensen que quiero evitar ir a trabajar.

Algo que me da miedo cuando siento ansiedad es perder mi negocio.

Algo que me da miedo cuando siento ansiedad es que mi pareja me deje.

Algo que me da miedo cuando siento ansiedad es no poder resolverlo solo.

Algo que me da miedo cuando siento ansiedad es que mi nivel de estrés me cause una enfermedad.

Algo que me da miedo cuando siento ansiedad es que mi problema afecte a mis hijos.

Algo que me da miedo cuando siento ansiedad es tener que tomar medicación.

Algo que me da miedo cuando siento ansiedad es no tener a mano mi medicación.

Algo que me da miedo cuando siento ansiedad es que lo sepa todo el mundo.

Algo que me da miedo cuando siento ansiedad es que mi problema no tenga solución.

Algo que me da miedo cuando siento ansiedad es que me produzca hipertensión.

Algo que me da miedo cuando siento ansiedad es que me produzca un derrame cerebral.

Algo que me da miedo cuando siento ansiedad es que me quede en silla de ruedas.

Algo que me da miedo cuando siento ansiedad es perder mi reputación profesional.

Algo que me da miedo cuando siento ansiedad es que mi cabeza pueda explotar.

Algo que me da miedo cuando siento ansiedad es que alguien me grite.

Algo que me da miedo cuando siento ansiedad es que alguien me agreda físicamente.

Algo que me da miedo cuando siento ansiedad es que quieran aprovecharse de mí.

Algo que me da miedo cuando siento ansiedad es no poder dormir.

Algo que me da miedo cuando siento ansiedad es no poder ir al gimnasio.

Algo que me da miedo cuando siento ansiedad es no poder ir a trabajar.

Algo que me da miedo cuando siento ansiedad es no poder volar en avión.

Algo que me da miedo cuando siento ansiedad es que me quiera suicidar.

Algo que me da miedo cuando siento ansiedad es estar solo.

Algo que me da miedo cuando siento ansiedad es que nadie me comprenda.

Todas estas ideas, aunque algunas te puedan parecer extrañas, son habituales en los procesos de ansiedad. Es muy importante que entiendas que estos pensamientos son irreales, proceden de la parte de tu mente que está asustada ante el cambio que estás experimentando y con ellos simplemente intenta evitar que desarrolles tu parte más madura y consciente y que sigas avanzando en tu crecimiento.

Si tienes la posibilidad es muy buena idea que hagas este ejercicio en pareja con alguien de tu confianza o con otra persona que también esté pasando por un proceso de ansiedad. Ello le dará más fuerza al ejercicio y también te ayudará a entender que no estás solo ni tu caso es tan extraño como puedas pensar. Primero escribes tus afirmaciones solo y después las lees en voz alta a la otra persona. Tu compañero solamente escucha sin hacer comentarios hasta que termines. Después tu compañero puede leerte sus afirmaciones mientras tú escuchas en silencio. Podéis comentar el ejercicio una vez hayáis terminado los dos.

Cuando acabes el ejercicio puedes deshacerte de la hoja quemándola.

Puedes hacer este ejercicio cada día o varias veces por semana hasta que sientas que el miedo a tener ansiedad pierde fuerza. Observarás que cada vez aparecerán menos miedos en tu hoja.

Escúchate a ti mismo

Si estás viviendo un proceso de ansiedad en este momento de tu vida es probable que hayas dejado de escucharte a ti mismo desde hace ya bastante tiempo.

Tu alma no ha tenido otra alternativa que empezar a comunicarse contigo a través de las sensaciones que ahora estás experimentando como ansiedad. Lo cual significa que existe un grado elevado de desconexión contigo mismo, con tus verdaderos deseos y sentimientos. En otras palabras, durante mucho tiempo has vivido de espaldas a tus verdaderos anhelos y has estado tomando decisiones que, aunque resulten razonables, en el fondo no te hacen feliz. ¿Eres capaz de admitir esto? Es muy importante que te animes a dar este primer paso para aliviar tu ansiedad. Dar este primer paso también hará que tu vida empiece a funcionar mucho mejor.

Tu ansiedad también puede estar advirtiéndote sobre el hecho de poner demasiada atención en qué piensan otras personas y cómo te ven los demás en lugar de escuchar lo que piensas tú.

Ejercicio 4

¿Qué es lo que pienso yo?

Copia estas preguntas en un folio y dedica al menos diez minutos a responderlas por escrito. Trata de escribir todo lo que venga a tu mente con frases cortas y precisas.

¿Qué pienso yo sobre mí mismo y sobre mi vida?

¿Qué cosas me gustaría cambiar o mejorar?

¿Qué experiencias, lugares y personas me hacen sentir bien?

¿Qué me gustaría hacer con mi vida si fuera totalmente libre de hacer con ella lo que quisiera?

Es posible que sientas rechazo ante la idea de hacerte estas preguntas, pero es muy importante para ti que empieces a hacerlo. *Es muy importante para ti que empieces a escucharte y a obtener tus propias respuestas acerca de tu vida.*

Esto, sin embargo, no significa que tengas que tomar decisiones radicales. Los cambios que necesitas ya están en camino. Pero es necesario que observes dentro de ti para tener claridad, pues la ansiedad se hace fuerte y crece donde hay confusión y falta de claridad acerca de uno mismo.

Sé auténtico

La ansiedad es un signo inequívoco de que existen intensas emociones reprimidas en tu mente y en tu cuerpo.

Todas las personas aprendemos a reprimir emociones desde que somos muy pequeños. Nuestros padres no siempre se sentían bien al vernos llorar y tener miedo y rabia. Ahora es el momento de que te abras a la posibilidad de no ocultar lo que sientes.

Las emociones son una forma de energía que necesitamos para que haya equilibrio en nuestra vida. Cuando las emociones no pueden vivirse y expresarse de forma natural tienden a almacenarse en el cuerpo creando tensión muscular y estrés. Si las emociones no consiguen manifestarse generan cada vez más presión en nuestro sistema nervioso hasta que finalmente explotamos. La ansiedad es un enorme esfuerzo inconsciente para mantener reprimidas las emociones que no nos gustan.

Todas tus sensaciones y emociones (incluida la ansiedad) son perfectas y tienen un propósito en tu vida. Tu forma de sentir y las emociones que sientes son perfectas y tienen sentido. Ya no necesitas seguir escondiendo tus emociones. Sentir emociones intensas es lo natural y sano en un ser humano. Y es especialmente necesario que puedas sentirlas ante una pérdida importante. Esa es la manera en que tu cuerpo y tu mente pueden procesar de forma equilibrada una experiencia dolorosa. Puedes hablar de tus sentimientos a otras personas en quienes confíes o puedes no hacerlo, pero es importante que seas consciente de tus emociones para que estas no saturen tu mente y tu cuerpo creando estrés físico y mental.

Te propongo el siguiente ejercicio para descubrir cuáles son las emociones que crean más problemas en tu vida.

Ejercicio 5

Cómo me relaciono con las emociones

Copia estas preguntas en un papel y dedica diez minutos a responderlas por escrito:

¿Cómo me siento cuando un bebé llora?

¿Cómo me siento cuando veo que mis hijos gritan, lloran o tienen miedo?

¿Cómo me siento cuando otros niños pequeños gritan, lloran o tienen miedo?

¿Cómo me siento cuando veo que otra persona de mi edad y sexo grita de rabia, llora o tiene miedo?

¿Cómo reacciono cuando aparece la rabia dentro de mí?

¿Cómo reacciono cuando aparece la tristeza dentro de mí?

¿Cómo reacciono cuando aparece el miedo dentro de mí?

¿Cuál es la emoción que me resulta más difícil expresar?

¿Siento a veces intensas ganas de llorar o de gritar de enfado? ¿Cuándo? ¿Qué hago cuando me siento así?

Para no seguir acumulando emociones intensas es importante que empieces a decir lo que de verdad sientes y piensas sobre las cosas que pasan en tu vida. Esto puede ser una experiencia nueva y un desafío para ti, pues durante muchos años probablemente has estado guardando silencio en lugar de decir lo que sentías. Pero es necesario entender que tolerar situaciones abusivas no va a ayudarte a tener paz. Decir lo que sientes y piensas de una forma adecuada y que no genere conflicto a tu alrededor es posible, solamente requiere algo de práctica. Ya no necesitas decir a todo y a todos que sí. Pero es vital que empieces a decirte sí a ti mismo.

Ejercicio 6

Cómo me relaciono con las emociones

Para que esta resistencia pueda ir haciéndose más suave te propongo trabajar con una afirmación. Escríbela o repítela mentalmente por cinco minutos antes de ir a dormir durante los próximos tres días.

Yo, [tu nombre], reconozco y acepto todas mis emociones.

Si has descubierto que tienes tendencia a reprimir más una emoción en concreto puedes utilizar la afirmación de esta forma:

Yo, [tu nombre], reconozco y acepto completamente mi [la emoción que más tiendes a reprimir: miedo, enfado, ira, tristeza, etcétera].

Si has observado una tendencia acusada a complacer a otras personas a costa de tu propio bienestar puedes utilizar la siguiente afirmación:

Yo, [tu nombre], puedo decir que no sin perder el amor y el apoyo de los demás.

2

ACTUALIZANDO EL SOFTWARE

Las siguientes páginas tal vez te resulten desafiantes, pero es necesario que les prestes mucha atención. La ansiedad crece en un ambiente de falta de claridad y conocimiento sobre uno mismo. Incluso se puede decir que, en último término, todo se reduce a un problema de ignorancia sobre la propia mente. Por esta razón resulta crucial poder alcanzar una comprensión clara de cómo funciona la mente y por qué se activa la ansiedad. Esta información te va a ayudar a empezar a reducir notablemente el nivel de ansiedad en tu vida y a pasar este proceso mucho más fácilmente. Todo lo que vas a ver a continuación es de hecho información de gran utilidad para todo tu proceso de sanación.

La mente puede ser descrita como un espacio que abarca y organiza las numerosas funciones de la conciencia: la memoria, la imaginación, el lenguaje, la capacidad para soñar, el razonamiento lógico, la intuición, todos los recuerdos de esta y otras vidas, y muchas otras habilidades y funciones.

Entre las diferentes capacidades y funciones de la mente existe una habilidad que destaca por su importancia: la capacidad para crear pensamientos. Esta habilidad se relaciona directamente con una función principal de la mente: nombrar e interpretar aquello que percibimos a través de los sentidos. Interpretar nuestras percepciones a través del pensamiento es lo que nos permite identificar cada objeto de nuestra experiencia. Es decir, nos permite saber lo que las cosas son y cómo son.

Sin esta función interpretativa de la mente nuestra percepción sólo registraría un océano indiferenciado de realidad sobre la cual no podríamos actuar. Así pues, *la capacidad de la mente para interpretar la realidad creando pensamientos es lo que nos permite ordenar y controlar el mundo.*

Además de interpretar la realidad la mente tiene otras muchas habilidades y funciones. En cierto modo la mente se asemeja a un ordenador que trae un conjunto de programas instalados por defecto. Estos programas son útiles y algunos de ellos son imprescindibles, pero tienen funciones que debemos controlar nosotros mismos para que todo marche bien. El ordenador tiene un enorme poder para hacer todo tipo de tareas de forma automática, pero en último término somos nosotros quienes decidimos qué hacer con el ordenador. Sin ese control consciente el ordenador finalmente se convierte en un almacén de información sin rumbo ni propósito. La mente es el timón de nuestra vida, nunca debemos alejarnos demasiado de ella.

Veamos un poco más de cerca la estructura y funciones de la mente:

Estructura de la mente

De manera simplificada podemos decir que la mente humana está formada por tres grandes áreas: la mente consciente, la mente subconsciente y la mente supraconsciente o mente divina. Estas áreas se organizan y disponen de manera parecida a los anillos del tronco de un árbol o las capas de una cebolla.

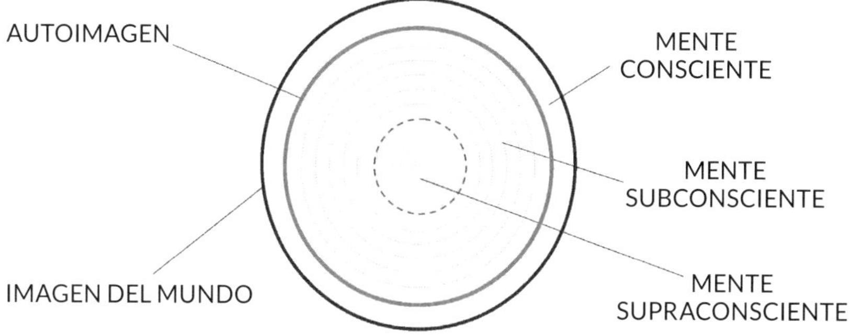

La mente consciente

Corresponde al área más superficial, lo que podríamos llamar la corteza del tronco. Y abarca todo aquello que conocemos o podemos conocer y entender claramente sobre cualquier aspecto de la realidad o de nosotros mismos. Es la parte de nuestra mente que empleamos habitualmente en nuestra vida diaria. Es también el aspecto de nuestra mente que utilizamos en nuestro trabajo y en nuestra manera de entender las situaciones de la vida diaria en nuestro entorno y en el mundo en general.

Una forma más precisa de describir la mente consciente sería decir que es el área visible de la conciencia, todo aquello de lo que podemos darnos cuenta a simple vista tanto sobre la realidad como sobre nosotros mismos. Poder ver o distinguir claramente significa también poder conocer, comprender, manejar, actuar sobre algo y controlarlo. Todas estas capacidades de la conciencia son propias de la mente consciente.

En la mente consciente se dan emociones, sentimientos, sensaciones, pensamientos, recuerdos, fantasías y otros fenómenos de la conciencia, pero la función predominante es lo que llamamos comúnmente racionalidad: la capacidad de ordenar la realidad a través del pensamiento. Esta función se realiza proyectando creencias y pensamientos sobre nuestra percepción y ordenando estas percepciones dentro de esquemas y clasificaciones con el propósito de manejar eficientemente la información que se recibe a través de los sentidos.

Así pues, la mente consciente sirve para comprender y actuar dentro de la realidad.

La mente consciente se relaciona con el conocimiento científico, el orden, la racionalidad intelectual, el lenguaje, el pensamiento, la productividad y el mundo de la vigilia.

La mente subconsciente

Es un área o substrato de la mente que opera, como su nombre indica, por debajo del nivel de nuestra conciencia. Es decir, sin que nos percatemos de ello. Se trata, pues, de un área de la mente que está en penumbra, donde podemos sentir e intuir cosas, pero resulta muy difícil distinguir claramente lo que está sucediendo. A pesar de ello la mente subconsciente es mucho más extensa y activa que la mente consciente.

La mente subconsciente de hecho está formada por capas antiguas de la mente consciente que han quedado enterradas y ocultas a nuestra atención. Esta segunda área de la mente cumple una función de almacenamiento de información y se relaciona con las emociones, los sueños y la memoria profunda.

El subconsciente almacena la información de la mente consciente que es importante para nuestra supervivencia y crea patrones de pensamiento y conducta automáticos para ejecutar acciones rápidas sin tener que pensar. Así, el subconsciente es el responsable de nuestras reacciones automáticas.

El subconsciente almacena también todo aquello que la mente consciente no es capaz de procesar. Esto incluye especialmente las memorias de todas las experiencias dolorosas que nos suceden desde el nacimiento e incluso antes, y que no fuimos capaces de entender en el momento en el que sucedieron.

Por último, el subconsciente cumple una función de soporte para la mente consciente, cuyos esquemas y creencias básicas están arraigados en esta capa de la mente.

El subconsciente se relaciona con las emociones, las pulsiones e instintos, las memorias traumáticas y los sueños.

La mente supraconsciente

La tercera área de la mente es lo que podemos llamar mente supraconsciente o mente divina. También podemos describirla como el núcleo central y origen de la mente y la conciencia. Se trata de la parte más profunda y desconocida de la mente, a través de la cual nos encontramos en conexión con todo lo que existe.

La mente supraconsciente está más allá de los pensamientos y es el origen de ellos. Su función principal es creativa y su cualidad más característica es el silencio interior o ausencia de pensamientos. En Renacimiento también llamamos a esta parte de la mente *espacio entre los pensamientos*, pues es a través de ese espacio que podemos conectar con ella. Es también el origen de nuestro impulso de vida y de nuestra verdadera naturaleza e identidad.

La mente supraconsciente sirve como soporte de las mentes subconsciente y consciente. Actúa anclando nuestra identidad, equilibrando nuestra mente y revitalizándonos. Es también el área de la mente responsable de los procesos físicos de importancia vital.

Se relaciona con la intuición, la conciencia expandida, la paz y alegría interior y la expresión de nuestra verdadera naturaleza.

Además de estas tres grandes áreas existen también dos barreras o límites que las separan entre sí:

La autoimagen

Se trata de la barrera que separa la mente subconsciente de la mente consciente. Nuestra autoimagen está formada por las ideas que tenemos sobre nosotros mismos. Es decir, se refiere a aquello que creemos ser y a cómo creemos ser.

La autoimagen tiene dos aspectos o lados: el lado que se proyecta hacia el interior es aquello que creemos sobre nosotros, y el lado que se proyecta hacia el exterior es aquello que queremos que los demás crean de nosotros. Estos dos lados no siempre son iguales, muchas veces son precisamente opuestos. Por ejemplo: si creemos que somos poco inteligentes es probable que desarrollemos una personalidad que acentúa determinadas actitudes, como la intelectualidad o la sensibilidad, para dar la imagen contraria a otras personas.

Nuestra autoimagen se proyecta en el mundo a través de lo que llamamos personalidad. La personalidad es un conjunto de patrones de actitudes, sentimientos, creencias y comportamientos que se activan en presencia de los demás para mostrarles a otras personas la imagen que queremos dar de nosotros de acuerdo con la idea que tenemos de nosotros mismos.

La autoimagen separa la mente consciente de la mente subconsciente de forma que todos los datos de la mente consciente que no concuerdan con nuestra autoimagen pasan a ser almacenados en nuestra mente subconsciente.

Lógicamente, puesto que la autoimagen separa la mente consciente de la subconsciente, también separa la mente consciente de la mente divina.

La función principal de la autoimagen es defensiva. La autoimagen es una barrera creada por la propia mente para protegernos de experiencias dolorosas. Esta imagen no se corresponde con nuestra verdadera identidad. Es una identidad ficticia que se va desarrollando a medida que crecemos y con la cual aprendemos a identificarnos a lo largo de nuestra vida.

La autoimagen está construida a partir de pensamientos negativos sobre nosotros mismos que nuestra mente crea cuando se enfrenta a experiencias traumáticas (en seguida vamos a ver en detalle este proceso). La autoimagen se va formando desde que estamos en el útero y empieza a aparecer claramente hacia los tres o cuatro años. Desde ese momento se va definiendo y haciendo cada vez más rígida y gruesa hasta que llegamos a la edad adulta.

Sin embargo, nuestra verdadera identidad procede de la mente supraconsciente. Al contrario que la autoimagen, la identidad natural que procede de la mente supraconsciente no es limitante y rígida sino expansiva y flexible. La identidad natural que procede de la mente supraconsciente se experimenta como naturalidad, relajación y disfrute de uno mismo, mientras que la identidad procedente de la autoimagen se experimenta como una forma restrictiva de autoexpresión que genera tensión física y mental.

El motivo por el cual los niños son habitualmente más felices e imaginativos que los adultos es simple: su autoimagen todavía no se ha solidificado, y por tanto su conexión con su mente divina y su identidad natural es fácil y espontánea. Todos tenemos el recuerdo de cuando éramos niños y jugábamos a ser cosas diferentes: animales, superhéroes, personajes, etcétera. Para la mente del niño todo es posible y divertido porque su autoimagen no tiene todavía la rigidez necesaria para limitar el potencial de su mente divina.

Puesto que la autoimagen está construida sobre creencias generalmente falsas necesita autoafirmarse constantemente para poder sostenerse. A esta autoafirmación constante a través de pensamientos podemos llamarla diálogo interior, una charla continua y ruidosa con uno mismo acerca de todo lo que pasa en nuestra vida.

Este diálogo ruidoso hace que no podamos escuchar la voz de nuestro ser interno. Cuanto más gruesa e inflexible es nuestra autoimagen más diálogo interior tenemos en nuestra mente. Este es el motivo por el cual los niños pueden seguir fácilmente su guía interior, simplemente no hay tanto ruido dentro de sus mentes que les impida escucharla.

Aunque el papel de la autoimagen es importante para el funcionamiento de la mente consciente su desarrollo suele tener efectos no deseables. A medida que vamos creciendo y solidificando nuestra autoimagen cada vez nos sentimos menos libres. Aunque nuestra autoimagen, a través de la personalidad, nos hace sentir protegidos contra el dolor emocional, también nos obliga a limitar nuestra forma de vivir y de pensar. Como resultado de ello nuestra forma de ser resulta cada vez más previsible y nuestra vida más encajonada. El proceso de solidificación de la autoimagen para hacernos sentir protegidos del mundo hace que nuestra espontaneidad y capacidad natural para divertirnos y reinventarnos sea progresivamente sustituida por un sentimiento de rigor, falsedad y repetición.

La imagen del mundo

Se sitúa en el exterior de la mente consciente y forma nuestra imagen de la realidad en general. Esta barrera está formada por todas las comprensiones de la realidad que hemos desarrollado en la mente consciente y filtra la información procedente de los sentidos. Para ampliar nuestro conocimiento de la realidad necesitamos ampliar nuestra imagen de la realidad, y para ello necesitamos vivir nuevas experiencias y entrar en contacto con nuevas ideas. Como vamos a ver a continuación, *cada vez que se expande nuestra imagen del mundo nuestra imagen de nosotros mismos también tiende a expandirse.* Por este motivo, la exposición a información nueva sobre la realidad es un factor importante de cambio en la autoimagen del individuo y en las estructuras de la mente.

Por ejemplo: el cambio del modelo geocéntrico de Ptolomeo al modelo heliocéntrico de Copérnico supone también un cambio en la idea del papel del ser humano dentro de la Creación. Del mismo modo, los avances científicos y tecnológicos actuales hacen que la idea que tenemos del ser humano y de nosotros mismos se tenga que reajustar a la nueva visión de la realidad. Esta misma situación podemos experimentarla a nivel individual cada vez que aprendemos algo nuevo sobre el mundo. Por ejemplo, aprender a caminar, a hablar, a escribir, a conducir un automóvil o a dirigir un negocio son situaciones que generan cambios importantes en nuestra visión de la realidad y también en nuestra forma de percibirnos a nosotros mismos.

El sistema defensivo de la mente

La ansiedad es un mecanismo defensivo de la mente. Un mecanismo que se activa de manera automática, inconsciente e incontrolada. Por ello, para poder controlar la ansiedad necesitamos saber un poco más qué es y cómo funcionan los mecanismos defensivos de la mente.

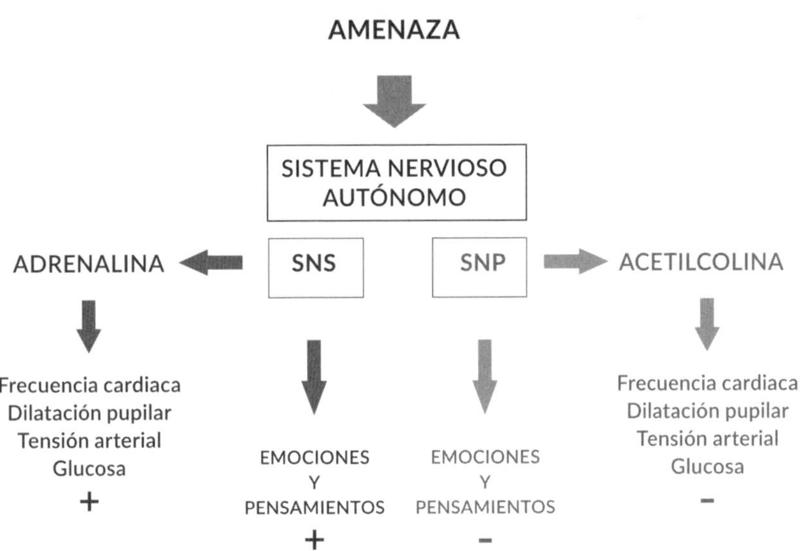

El instinto de supervivencia

El instinto de supervivencia que todos los seres vivos poseen funciona en el ser humano como un programa instalado de fábrica de manera que la mente nos ayude a protegernos de posibles peligros externos.

Cada vez que la mente detecta una amenaza el programa se activa y el cerebro desencadena una reacción de respuesta defensiva a través del sistema nervioso simpático. Esta respuesta prepara al organismo para la huida o el ataque, que son las dos reacciones defensivas naturales de la mayoría de los animales.

A nivel fisiológico esta respuesta consiste fundamentalmente en:

- Aumento de la frecuencia cardiaca para preparar al organismo para una reacción rápida.
- Dilatación pupilar para obtener información clara del entorno y de la amenaza que se presenta.
- Aumento de la presión sanguínea para preparar al organismo para una reacción rápida.
- Aumento del nivel de glucosa en la sangre, lo que permite generar mayor tensión muscular para proteger las vísceras y preparar al cuerpo para un esfuerzo físico intenso.

La respuesta también tiene otros efectos no físicos:

- Emociones: aparecen emociones intensas de miedo o enfado para prepararnos para la huida o el combate.
- Pensamientos: La mente genera muchos pensamientos para tratar de entender la situación y tener control sobre ella.

Normalmente la respuesta automática del instinto de supervivencia se mantiene mientras existe una amenaza y se desactiva automáticamente cuando termina el peligro, dando paso al sistema nervioso parasimpático, el cual se encarga de devolver al organismo a su estado normal.

Sin embargo, en los seres humanos esta reacción involuntaria de supervivencia depende muchas veces no de peligros físicos reales, sino de situaciones neutras que debido a experiencias pasadas la mente puede interpretar como peligrosas. Esto hace que nuestra mente y nuestro cuerpo funcionen en modo supervivencia durante periodos de tiempo prolongados sin que haya aparentemente una situación que lo justifique. Como vamos a ver a continuación, la gran memoria de la mente humana juega a menudo en contra de nuestro bienestar emocional.

Las memorias traumáticas

Una memoria traumática es una experiencia dolorosa que nuestra mente no ha podido entender, es decir: se trata de una experiencia que no hemos podido digerir, y por tanto continúa activa en algún lugar de nuestra mente.

Este tipo de situaciones se dan muy a menudo durante el nacimiento, los meses de la gestación y los primeros años de vida, ya que nuestra mente infantil no tiene todavía el conocimiento necesario para entender muchas experiencias que pueden causar un intenso dolor físico y emocional.

Algo que muchas personas todavía no saben o no pueden creer es que existe una conciencia que puede pensar e interpretar las experiencias de su entorno desde los primeros meses de la gestación. Hay números estudios sobre ello desde los años ochenta y la experiencia práctica de las sesiones de rebirthing breathwork lo corrobora una y otra vez. El feto reacciona de una manera consciente a los estímulos procedentes del exterior del útero y también a las emociones y sentimientos de su madre. El bebé recién nacido sufre dolor físico y emocional cuando recibe un trato brusco, cuando hay complicaciones en el parto o cuando lo separan de su madre. El hecho de que no pueda verbalizar sus pensamientos porque todavía no puede hablar no significa que no piense y sienta.

La realidad es que todos los seres humanos vivimos durante esta etapa numerosas experiencias de abandono o maltrato físico o emocional que no podemos comprender con nuestras mentes aún inexpertas.

Entre estas experiencias que pueden causar una memoria traumática se cuentan situaciones que la mayoría de los seres humanos viven alguna vez en las primeras etapas de vida: malos hábitos de salud de la madre durante la gestación, discusiones con la pareja durante la gestación, separación de la madre al nacer, corte prematuro del cordón umbilical, trato brusco por parte del personal médico durante el parto, no recibir lactancia o no recibirla en el momento oportuno, separación de la madre durante los primeros meses de vida, y otras muchas circunstancias que la mente del bebé tiende a interpretar como una falta de amor y una amenaza real a su supervivencia.

A esta parte de nosotros que ha recibido el impacto de estas y otras experiencias física y emocionalmente dolorosas durante los primeros años de nuestra vida le llamaremos nuestro *niño interior herido.*

Cualquier experiencia dolorosa que pueda ser interpretada como una falta de amor de las personas de las cuales dependemos suele ser considerada por nuestra mente infantil como una situación peligrosa. Y esto es algo completamente lógico y de acuerdo con nuestro instinto de supervivencia, pues lo único que nos mantiene con vida en este mundo durante los primeros años de nuestro desarrollo es el amor de las personas que nos cuidan, especialmente el amor de nuestra madre.

Así pues, el programa del instinto de supervivencia graba y almacena cada una de estas experiencias traumáticas que interpreta como una peligrosa falta de amor para prevenir que sucedan en el futuro.

Autoimagen, personalidad y ego

Pero la mente no sólo graba y almacena estas experiencias, sino que trata de comprenderlas. ¿Para qué? Precisamente, para poder tener control sobre ellas. De este modo la mente infantil asigna a estas experiencias dolorosas una interpretación adecuada a su propio nivel de desarrollo. Por ejemplo: "me hacen daño porque soy malo", "mi madre no está conmigo porque no me quiere", "mis padres discuten porque soy un problema para ellos". De esta forma la mente se prepara para saber cómo actuar en el futuro y prevenir otras experiencias parecidas creando la barrera defensiva que llamamos falsa autoimagen o idea de nosotros mismos.

Veamos cómo funciona esta falsa autoimagen:

Por ejemplo, si nuestros padres discutían durante el embarazo y durante nuestra infancia, es posible que nuestra mente haya desarrollado la creencia "soy un problema". Es decir, habremos crecido pensando que éramos un problema. El concepto que tenemos de nosotros está profundamente afectado por la idea de ser un problema para los demás. Por tanto, nuestra mente nos va a proteger de cualquier experiencia que pueda hacernos sentir como un problema desarrollando un sistema de actitudes que den la impresión opuesta a las demás personas: nos mostramos siempre eficaces, puntuales, no nos quejamos, hacemos todo bien, ayudamos a los demás a resolver sus dificultades, somos la solución para todo... Este sistema de actitudes y comportamiento que desarrollamos a partir de nuestra falsa autoimagen es lo que llamamos comúnmente personalidad.

La falsa autoimagen funciona como un sensor ante posibles experiencias emocionalmente dolorosas, en particular aquellas que tienen que ver con la creencia negativa que hemos desarrollado (en este ejemplo sería el pensamiento de ser un problema para los demás). Cada vez que nuestra mente detecta una situación en la cual podemos ser un problema nuestra autoimagen se activa e impulsa una señal de alarma al cuerpo a través de sus mecanismos de supervivencia.

Como hemos visto, la respuesta habitual ante un estímulo amenazador es luchar o huir. En este caso luchar significa estresarnos, poner toda nuestra energía en demostrar que no somos en absoluto un problema, desplegar todos los recursos de nuestra personalidad para lidiar exitosamente con la situación. La respuesta de huida, por el contrario, consiste en evitar la situación o a las personas que nos hacen sentir que somos un problema.

Observa que se trata de una amenaza psicológica en la cual nuestra integridad física no está en peligro, sin embargo, nuestra mente subconsciente desencadena una respuesta similar a la que activaría al enfrentarse a un peligro físico real. Recuerda que para el bebé la falta de amor de las personas cercanas puede llegar a poner su vida en peligro. Así pues, el aspecto infantil de nuestra mente que podemos llamar niño o niña interior herido interpreta la posibilidad de la falta de amor como una amenaza física muy real. Y por lo tanto utiliza el mismo mecanismo de supervivencia en ambos casos.

Nuestra falsa autoimagen y nuestra personalidad se van desarrollando y solidificando a medida que nos hacemos adultos. Cuando somos muy pequeños la autoimagen y la personalidad son solamente rasgos pasajeros de nuestro carácter, apenas se pueden percibir. Sin embargo, a medida que vamos creciendo y estableciendo relaciones con otras personas, nuevas creencias negativas se van incorporando y nuestra autoimagen y nuestra personalidad se hacen cada vez más complejas y rígidas.

En este proceso juega un papel muy importante nuestra socialización, pues en gran medida la personalidad y la autoimagen tienen como objetivo protegernos del dolor emocional en las relaciones con otras personas.

A las creencias negativas que forman esta falsa autoimagen, puesto que son ideas desarrolladas por la mente infantil que no se corresponden con la realidad, las llamamos en Renacimiento *mentiras personales*. Las mentiras personales son las creencias negativas falsas acerca de nosotros o de la realidad con las que hemos ido programando nuestra mente desde que somos muy pequeños.

En la medida en que la persona se identifica con esta falsa idea de sí mismo creada a partir de experiencias dolorosas, fortalece las actitudes de su personalidad que necesita desarrollar para mantener a raya la amenaza del dolor emocional. Es decir, dedicamos mucha energía a creernos esta falsa autoimagen o mentira personal debido al miedo al dolor emocional y a la necesidad de protegernos de él. Esta tendencia a identificarnos exclusivamente con nuestra falsa autoimagen y dedicar mucha energía a validar nuestra personalidad ante los demás es lo que llamamos comúnmente ego. Así pues, el ego, la falsa autoimagen y la personalidad son los elementos del sistema defensivo de la mente que tienen como objetivo protegernos del dolor emocional o proteger a nuestro niño interior herido.

La falsa autoimagen, en su papel de barrera defensiva de la mente, cumple otra función que podemos llamar cognitiva. La autoimagen marca una separación entre lo que podemos saber y lo que no podemos saber sobre nosotros mismos.

Por ejemplo, si hemos creado una falsa autoimagen de persona dura, nuestro lado sensible ha de quedar oculto para nosotros mismos. Entonces, todo lo que podemos saber y aceptar sobre nosotros queda "al frente" de la autoimagen formando parte de la mente consciente. Y todo lo que no podemos saber o aceptar sobre nosotros queda "detrás" y oculto por la autoimagen, formando parte de lo que llamamos subconsciente.

De este modo, es en el subconsciente donde quedan almacenadas las memorias traumáticas que han dado lugar a la falsa autoimagen. Todo ese viejo dolor imposible de comprender, con sus experiencias duras, emociones reprimidas e ideas negativas sobre el mundo y sobre nosotros queda sellado gracias a la falsa autoimagen. Nuestro niño interior herido está oculto y protegido por la falsa autoimagen. De esta forma podemos vivir y actuar como si todo ese material no existiera, como si esas cosas no nos hubieran pasado. Utilizando un símil un poco burdo, diríamos que la falsa autoimagen es como la bonita alfombra bajo la cual barremos toda la suciedad que no queremos enseñar.

Como decíamos, la falsa autoimagen se va gestando con las primeras experiencias negativas que ocurren a menudo dentro del útero materno, recibe una fuerte influencia de todas las experiencias traumáticas que rodean el parto y hacia la edad de tres o cuatro años, cuando empieza nuestra etapa social, comienza a quedar claramente definida. Durante todo este tiempo y hasta que llegamos a la juventud (alrededor de los veinte años) esta falsa autoimagen cumple un papel constructivo en nuestra vida, pues nos ayuda a seguir adelante a pesar de todo el dolor emocional, el miedo y la frustración que algunas experiencias pueden representar para un niño o una niña.

Sin embargo, al llegar a la edad adulta e incorporarnos a un contexto social más amplio nuestra falsa autoimagen ya no es capaz de protegernos con tanta eficacia. La idea que hemos ido creando sobre nosotros y la personalidad que hemos ido desarrollando para proteger a nuestro niño interior herido del dolor emocional, al salir de nuestro contexto habitual de vida, al salir de nuestro círculo, ya no es capaz de controlar las posibles agresiones emocionales con tanta eficacia. Entonces sufrimos algo parecido a una inflamación de nuestra falsa autoimagen. Es decir, nuestra falsa autoimagen se vuelve hipersensible para poder seguir protegiéndonos, y empieza a ver amenazas emocionales por todas partes. En resumen, al salir de nuestro círculo habitual tendemos a volvernos más susceptibles y ansiosos.

La escala de la ansiedad

Esta situación de susceptibilidad o inflamación de nuestra falsa autoimagen activa un estado de alerta basal en nuestro sistema nervioso.

Podemos sentirnos más o menos temerosos dependiendo del peligro emocional que representen las amenazas que percibimos. En el siguiente gráfico puedes ver algunos de estos grados de alerta de la mente ante las amenazas emocionales.

Si lo observas con atención te darás cuenta de que todas estas reacciones de la mente pertenecen en realidad al mismo tipo de proceso, sólo se diferencian en su intensidad. Y la intensidad depende simplemente de cómo de amenazados nos sentimos o, mejor dicho, cómo de amenazado se siente nuestro niño interior herido ante las nuevas situaciones que está experimentando.

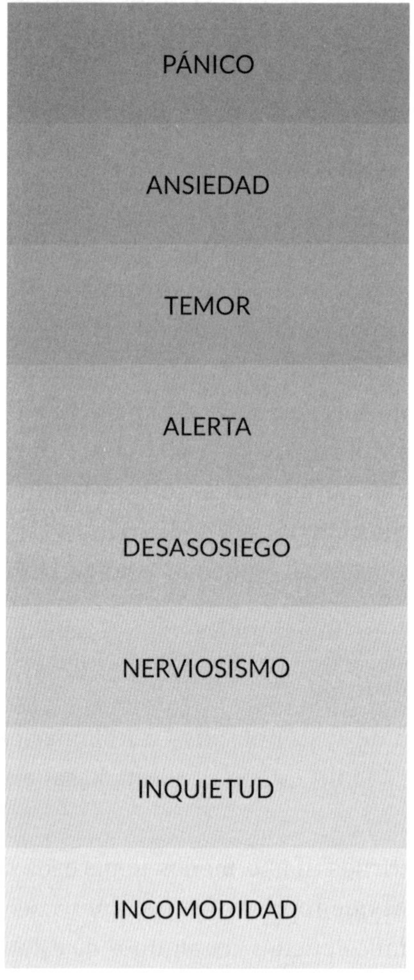

De forma genérica solemos llamar ansiedad al estado general de alerta que se activa en nuestra mente cuando se inflama la falsa autoimagen. Sin embargo, solemos referirnos a la ansiedad como un problema mental cuando llegamos al punto en el que ya no nos sentimos capaces de controlarnos a nosotros mismos, el grado en el que parece que nuestra mente ha dejado de obedecernos.

Miedo a morir y a volverse loco

Es en el momento en que la mente se encuentra en dicho nivel de alerta cuando suelen aparecer los dos temores más típicos de la ansiedad: el miedo a morir y el miedo a volverse loco.

El miedo a morir que puede aparecer cuando experimentamos este nivel de ansiedad tiene que ver con nuestra identificación con la falsa autoimagen que vemos amenazada desde el exterior. Cuando aquello que creemos ser es amenazado la mente reacciona con miedo a morir, a extinguirse, aunque esta amenaza no sea física.

Pero este miedo tiene un componente aún más profundo que puede hacer de esta emoción un problema para muchas personas: el miedo a morir que aparece con la ansiedad está fundado sobre el miedo a morir del bebé por falta de amor y cuidado. Este miedo primal del bebé es revivido cuando sentimos que lo que nos protege de la falta de amor (la falsa autoimagen) nos podría fallar.

En este momento suelen aparecer pensamientos hipocondríacos ligados a sensaciones físicas corporales que explicaremos un poco más adelante. Por ahora lo más importante es que comprendas que este miedo es solamente una reacción inconsciente de la mente ante un cambio importante en tu vida. No es una respuesta ante una amenaza real a tu integridad.

Por otro lado, el miedo a la locura aparece porque, como vimos, la falsa autoimagen define la separación entre mente consciente y subconsciente. Es decir, la falsa autoimagen define también el límite entre la racionalidad y la irracionalidad. Por ello cuando sentimos que este límite está en peligro también es frecuente temer que la propia racionalidad lo esté.

Puesto que la función principal de la racionalidad es controlar la realidad, el miedo a volverse loco (o a "perder la razón") es en el fondo miedo a perder el control sobre nuestro entorno y, más aún, sobre nosotros mismos. Perder el control sobre nosotros mismos significa fundamentalmente perder el control sobre nuestras emociones, no ser capaces de seguir ocultándolas, tener que verlas y dejar que otros las vean también.

En este momento pueden aparecer pensamientos de miedo a la enfermedad mental. Se trata de una reacción de la mente igual de frecuente que el miedo a morir e igual de irreal. Nada más lejos de la realidad, la verdad es que la ansiedad es una señal de crecimiento y desarrollo de la conciencia. Tómala pues como lo que es, y no dejes que tu mente te convenza de sus propios miedos.

Drogas y sustancias psicotrópicas

Me gustaría ahora hacer una observación importante sobre el impacto que tienen las drogas y las sustancias que alteran la percepción en los procesos de ansiedad.

Por un lado, muchas drogas tienen el efecto de sedar las emociones negativas proporcionando un estado temporal de bienestar mental a la persona que las consume. Este efecto, evidentemente, es el que las vuelve tan adictivas. De manera que muchas personas adictas a algún tipo de droga a menudo experimentan ansiedad cuando dejan de consumirla. Esto se debe lógicamente a que el efecto sedante ha desaparecido, y por tanto las emociones negativas que afloran a la conciencia no pueden ser inhibidas. Como veremos en el capítulo séptimo, es esencial para poder resolver correctamente un proceso de ansiedad eliminar en primer lugar este tipo de adicciones.

En segundo lugar, la mayoría de los narcóticos y especialmente las llamadas sustancias psicotrópicas producen el efecto específico romper la autoimagen. Cualquier forma de expansión o alteración de la percepción implica necesariamente una ruptura en la autoimagen de la mente del individuo. Mientras la autoimagen permanece sólida la persona solamente puede pensar y percibir como lo hace normalmente. Cuando rompemos o suspendemos temporalmente el poder de la autoimagen esto nos hace sentir libres de nuestra personalidad, desinhibidos, ligeros, fluidos. Esta experiencia puede ser agradable porque nos da un descanso de nuestras propias barreras mentales y sociales, pero implica un riesgo muy importante que todas las personas que usan estas sustancias deben conocer: cuando la autoimagen se rompe bruscamente las memorias traumáticas alojadas en el subconsciente pueden aflorar también bruscamente a la conciencia. Si tenemos una autoimagen muy rígida que nos agota y oprime es porque tenemos traumas importantes que proteger. Cuando estos traumas empiezan a emerger la reacción más natural de la mente es crear ansiedad.

Este es el motivo por el que muchos procesos de ansiedad se activan a raíz del consumo de drogas o sustancias psicotrópicas. De hecho, cualquier producto que tenga el efecto de alterar la percepción, aunque no sea una droga fuerte, puede tener este efecto en la mente de una persona. Si este es tu caso, es importante que detengas el consumo de estas sustancias y empieces a hacer un trabajo interno real que te permita transformar la ansiedad y las emociones negativas reprimidas. Una vez hayas completado este proceso te sentirás mucho mejor, más relajado y a gusto dentro de ti de forma completamente natural.

Es muy importante recordar que la autoimagen es un sistema de defensa extremadamente sofisticado que se ha desarrollado a lo largo de muchos años para proteger la parte más vulnerable de nosotros. Ciertamente es necesario transformar esta estructura para poder liberar la ansiedad, pero este proceso se debe hacer de manera consciente, gradual y suave, como veremos en el próximo capítulo. De lo contrario solamente vamos a causar más confusión, sufrimiento y ansiedad.

Conclusiones

Como decíamos al principio, la curación de la ansiedad consiste en comprenderla. Después de esta visión penetrante dentro de la mente y sus sistemas defensivos estamos en una posición mucho más ventajosa para poder entender y abordar la ansiedad.

Resumiremos todo lo anterior en dos puntos esenciales para integrar esta nueva comprensión:

- La ansiedad es una reacción del niño interior herido. Ocurre cuando la falsa imagen de nosotros mismos que hemos creado para protegernos del dolor emocional se ve amenazada por las circunstancias externas.
- Esta amenaza no supone un peligro físico real sino un peligro imaginario de perder el amor de los demás.

A la luz de esta nueva comprensión aparecen dos pasos fundamentales para resolver el problema: *transformar tu autoimagen y conectar con el amor dentro de ti.*

Ejercicio 7

Transformando la mentira personal en ley eterna

Ahora que sabes todo esto te propongo un ejercicio que hacemos en Renacimiento habitualmente y que es muy eficaz para conseguir ambas cosas, transformar las ideas falsas que tienes sobre ti y encontrar en tu interior la fuente de tu autoestima. Lo llamamos el ejercicio de la mentira personal. ¿Te atreves?

Este ejercicio tiene dos partes. En la primera descubrimos cuál es la falsa creencia sobre la cual se fundamenta nuestra falsa autoimagen. En la segunda creamos una afirmación que nos va a permitir construir conscientemente una nueva autoimagen, pero esta vez alineada con nuestra verdadera identidad. Vamos allá:

Lo primero que necesitamos es saber cuál es el pensamiento más negativo que tienes sobre ti mismo. No te preocupes, sea cual sea, ten la certeza de que es un pensamiento falso. Ese pensamiento más negativo que tienes sobre ti mismo es la creencia falsa que está jugando el papel de piedra angular de tu falsa autoimagen. Para transformar la falsa autoimagen necesitamos encontrar ese pensamiento y cambiarlo conscientemente por uno positivo. Para facilitar la búsqueda vamos a dividir el rastreo en diferentes áreas:

- Escribe todos los pensamientos negativos que tengas acerca de ti mismo en relación con el trabajo y la economía.
- Escribe todos los pensamientos negativos que tengas acerca de ti mismo en relación con tu salud y tu aspecto físico.
- Escribe todos los pensamientos negativos que tengas sobre ti mismo en relación con tu familia.
- Escribe todos los pensamientos negativos que tengas acerca de ti mismo dentro del área de las relaciones sociales.
- Escribe los pensamientos negativos que tengas sobre ti mismo en relación con el mundo y la sociedad en general.

- Escribe todos los pensamientos negativos que tengas acerca de ti mismo en relación con tu pareja.
- Si hay en tu vida un asunto importante que no ha sido enumerado escribe también todos los pensamientos negativos que tengas sobre ti en dicha área.

A continuación, selecciona el pensamiento más negativo que hayas escrito sobre cada una de estas temáticas.

Ahora tienes seis (o siete) pensamientos negativos sobre ti mismo. Para saber cuál de ellos es el más negativo compáralos entre sí. Puedes hacerlo leyendo el primero y el segundo, tachando el que sea menos negativo y comparando después el tercero y el cuarto. Continúa con este procedimiento hasta que solamente te quede un pensamiento negativo.

Si has seguido todo el proceso en orden, este último pensamiento negativo que ha quedado es probablemente el pensamiento en el que se está apoyando tu autoimagen para crear ansiedad. Recuerda que es una idea falsa, seguramente fue creada en tu mente cuando eras muy pequeño, quizá antes de nacer o en el momento de nacer.

Ahora vamos a darle la vuelta a este pensamiento y vamos a crear una afirmación positiva a partir de él.

Puedes probar diferentes opciones:

Imagina que el pensamiento negativo que te ha salido es: "soy estúpido". Piensa diferentes afirmaciones que signifiquen lo opuesto. Por ejemplo:

- Soy inteligente.
- Soy capaz de resolver por mí mismo cualquier problema que se me presente.
- Mi capacidad intelectual funciona a la perfección.
- Mi inteligencia es aguda y brillante.

- Soy un genio.
- Dios me creó con una inteligencia perfecta.

Continúa hasta que hayas escrito al menos diez afirmaciones positivas diferentes.

Ahora selecciona la afirmación positiva que más te inspire o en la cual te reconozcas mejor.

A esta afirmación positiva en Renacimiento la llamamos *ley eterna*. La llamamos así porque se trata de un pensamiento que está alineado con tu verdadera identidad y que por tanto siempre será verdad sin importar las circunstancias ni lo que pienses sobre ti.

Esta afirmación te ayudará a crear una imagen sana y verdadera de ti mismo, la cual te hará sentir seguro y te conectará con tu propia guía interior.

Trabaja durante las próximas tres semanas con esta afirmación. Repite esta afirmación cada día al levantarte y antes de acostarte durante cinco minutos. Experimenta también repitiéndola en segunda y tercera persona. Deberías repetirla mentalmente cada vez que sientas ansiedad.

Otras formas en las que puedes trabajar con tu afirmación personal o ley eterna:

- Escríbela en un papel grande y ponla en un lugar que esté siempre a la vista como la pared de tu despacho o el espejo del cuarto de baño.
- Busca diferentes melodías para cantarla, o escribe una canción con ella. Esta será tu canción personal, cántala siempre que aparezca la ansiedad.
- Grábala en tu teléfono móvil, puedes utilizar esta grabación siempre que aparezca la ansiedad y también puedes usarla como sonido del despertador.

- Haz un trabajo artístico, por ejemplo: dibuja un mandala y rellénalo escribiendo tu afirmación. Pon el mandala en la cabecera de tu cama. En vez de un mandala también puedes utilizar otra imagen que represente tu próximo objetivo, por ejemplo: una casa, una familia, un viaje, un trabajo, etcétera. Si tienes un jardín o un huerto puedes escribir tu afirmación con piedras y sembrar flores y plantas alrededor.

3

LA AVENTURA DE CRECER

Vamos a ver ahora un par de conceptos que seguramente ya conozcas. Se trata de la *zona de confort* o zona conocida y la *zona desconocida*. Entender estas dos ideas básicas es fundamental para comprender por qué experimentamos ansiedad en determinados momentos de nuestra vida.

La idea de zona de confort se refiere a un ámbito de nuestra realidad en el cual nos sentimos seguros y cómodos porque nos es familiar. Por ejemplo, si llevas muchos años dedicándote a la misma profesión, en cierto modo tu trabajo representa una zona de confort en tu vida. Tal vez no te resulte siempre divertido o agradable, pero en general sabes cómo actuar para que las cosas vayan funcionando. Es un ámbito de tu vida que conoces y controlas, así que en él te puedes sentir bastante seguro y hasta cierto punto cómodo. En nuestra zona de confort reconocemos fácilmente todos los elementos y situaciones que ocurren, sabemos qué significa cada cosa y cómo reaccionar ante cada situación. También conocemos procedimientos automáticos que permiten que las cosas funcionen fácilmente y hacen nuestra vida más agradable. Sin embargo, frecuentemente los procesos que llevamos a cabo en la zona de confort tienden a hacerse repetitivos, previsibles y a veces aburridos o poco estimulantes. Aun así, funcionan y nos proporcionan seguridad y comodidad.

La idea de la zona desconocida se refiere a cualquier ámbito de tu realidad que, por el contrario, resulta desconocido o poco familiar, y por tanto puede resultar también incómodo o inseguro. Es un lugar donde no puedes ejercer control fácilmente sobre lo que te rodea. Por ejemplo, si por algún motivo tuvieras que dejar tu profesión habitual y dedicarte a una actividad nueva que aún no dominas, tu nuevo ámbito de trabajo representaría para ti una zona desconocida.

No solamente tendrías que aprender nuevas habilidades profesionales, como empleado tendrías unas condiciones laborales diferentes, horarios diferentes, compañeros de trabajo diferentes, un espacio de trabajo diferente y quizá tuvieras que desplazarte cada día para trabajar a un lugar donde antes no solías ir nunca. Tu profesión sería en este caso una zona desconocida hasta que consiguieras familiarizarte y dominar todos los elementos importantes de esta área de tu vida.

Estos dos conceptos se pueden aplicar a cualquier aspecto de la vida: nuestro trabajo, nuestras relaciones, nuestro tiempo libre, viajes, conocimientos, hogar, salud, economía, etcétera. Y lo más importante: también son aplicables al funcionamiento de nuestra mente.

Las zonas conocida y desconocida de la mente

Como hemos visto al comienzo del segundo capítulo, la función principal de nuestra mente es la de ordenar nuestra realidad para que podamos actuar y tener suficiente control sobre nuestra vida.

De esta manera, nuestra mente tiende a organizar nuestra vida creando zonas de confort, espacios que conoce bien y en los cuales sabe cómo actuar de forma eficiente para conseguir los resultados deseados. Cada vez que surge un elemento nuevo, la mente intenta integrarlo de modo que pueda controlarlo, esto es: trata de entenderlo, hacerlo familiar, habitable, seguro, útil y productivo.

Siguiendo el instinto de supervivencia, la tendencia de la mente es convertir cada área de nuestra vida en una zona de confort y evitar el contacto con todas aquellas áreas o elementos que no se siente capaz de dominar.

Ahora viene lo más interesante... Nuestra propia mente está organizada de la misma manera que nuestra vida: dentro de la mente existe también una zona de confort y una zona desconocida, (para entender fácilmente este punto te recomiendo volver un momento al esquema de la página 59). Aquello que llamamos consciente es la parte de nuestra mente que abarca las zonas de confort de nuestra vida, las partes de nuestra realidad que entendemos y podemos controlar de alguna manera. Dentro de nuestro consciente nos sentimos seguros, capaces de lidiar con las situaciones que se presentan, sentimos que sabemos siempre lo que está pasando. Nuestro consciente está delimitado por nuestra imagen de nosotros mismos y por nuestra imagen del mundo.

Todo aquello que no encaja con nuestra imagen de nosotros mismos o con nuestra imagen del mundo es relegado a un ámbito de la mente donde simplemente permanece almacenado e invisible. Esta es la zona desconocida de la mente que estaría representada por nuestro subconsciente. Todas nuestras emociones reprimidas, todas nuestras experiencias traumáticas no comprendidas y su dolor, y todos los pensamientos negativos inconscientes con los que hemos ido explicando todas estas experiencias, así como todos los patrones defensivos automáticos para protegernos del dolor emocional se encuentran en el subconsciente, en la zona desconocida de la mente.

La imagen del mundo y la autoimagen crean para nuestra mente esta zona de confort, un espacio donde cada pensamiento y cada emoción resultan lógicos, aceptables y adecuados. Es un espacio donde la mente se siente a gusto y segura y donde puede operar con relativa facilidad.

La autoimagen, la idea de nosotros mismos con la cual nos identificamos, crea para nuestra mente una sensación de comodidad y familiaridad con la vida al mismo tiempo que aleja de nuestra experiencia sensaciones o emociones incómodas, las cuales podrían herir nuestros sentimientos y poner en duda nuestras creencias fundamentales acerca de nosotros mismos y del mundo.

La personalidad que desarrollamos de acuerdo con nuestra autoimagen nos dota de habilidades adecuadas para manejar nuestra realidad. Por ejemplo, una autoimagen y una personalidad de profesional de éxito nos proporcionan actitudes adecuadas para el rendimiento profesional, tales como ambición, buena imagen, limpieza, meticulosidad, laboriosidad, competitividad, etcétera.

Si has comprendido estos dos conceptos, ahora debes entender este punto importante: cada vez que sales de tu zona de confort en tu vida también estás saliendo de tu zona de confort mental.

Como vimos, la barrera mental que separa el consciente del subconsciente es la autoimagen. Por consiguiente, para salir de la zona de confort en algún aspecto de tu vida te verás obligado a romper algún aspecto de la imagen que tienes de ti mismo.

Cruzar a la zona desconocida y romper la autoimagen

Una vez que haces esto y te embarcas en la aventura de cruzar a la zona desconocida inevitablemente tendrás que enfrentarte con experiencias de las cuales hasta ahora tu falsa autoimagen te había estado protegiendo.

Sigamos explicándolo con el ejemplo del trabajo:

Fase I. Apertura

En tu trabajo habitual operabas con una imagen determinada de ti mismo. Supongamos que en tu trabajo anterior eras contable. En esta actividad es importante desarrollar una autoimagen de meticulosidad, perfeccionismo y responsabilidad. Todos estos elementos encajaban con tu personalidad y tu autoimagen básica así que te sentías bien haciendo este trabajo y lo hacías eficientemente.

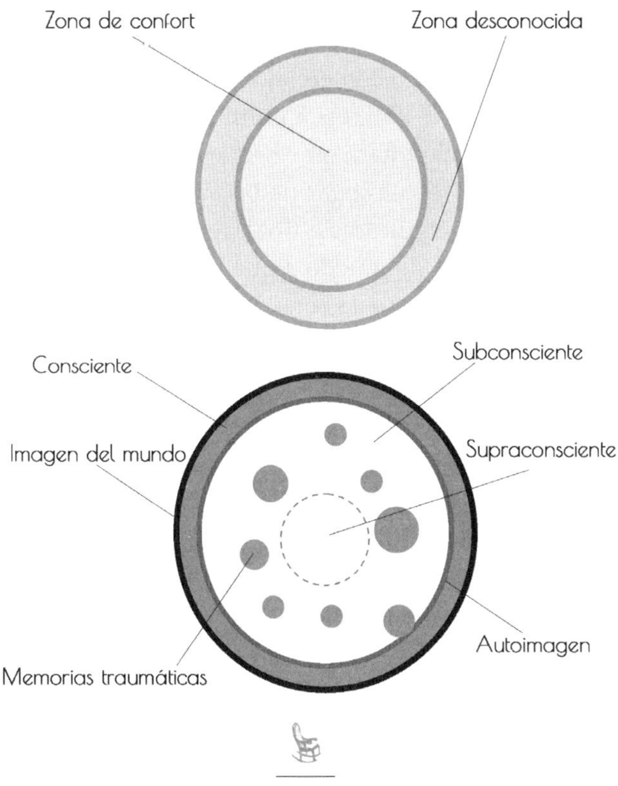

Fase II. Transición

Supongamos que te casas y te marchas a vivir a otra ciudad. Buscas otro empleo de contable, pero mientras lo encuentras necesitas ganar dinero para mantenerte y empiezas a trabajar en algo que encuentras fácilmente: por ejemplo, comercial en una empresa de telefonía. En este nuevo empleo necesitas desarrollar una imagen de persona abierta, comunicativa y con capacidad de improvisación.

En tu autoimagen básica eres una persona seria, responsable y ordenada, pero no necesariamente abierta, comunicativa e improvisadora. De hecho, eres más bien tímido, desconfiado y controlador. Lógicamente, para que puedas funcionar bien en tu nuevo empleo tendrás que romper en alguna medida con estos rasgos de tu personalidad básica y desarrollar otras facetas que hasta ahora no habías puesto en práctica casi nunca, a saber: ser abierto, comunicativo e improvisador.

Tu nuevo trabajo como comercial supondrá un desafío para tu imagen de ti mismo y te obligará a enfrentarte con situaciones que seguramente preferirías evitar, como hablar mucho tiempo con extraños, o trabajar en equipo en lugar de hacerlo solo, o no saber exactamente cuánto dinero ganarás a final de mes. Si, por ejemplo, tu autoimagen te protegía del miedo a que los demás piensen que no eres inteligente, al entrar en esta zona desconocida seguramente tendrás que enfrentarte con ese miedo y te esfuerces especialmente en parecer muy competente.

Lo más probable es que durante las primeras semanas en tu nuevo trabajo no te sientas cómodo ni seguro. Es posible que eches de menos tu oficina, tu horario, tu sueldo fijo y tus compañeros; y que lamentes tu nueva situación. Estás efectivamente en la zona desconocida, que no es cómoda ni segura. Es posible que estés de mal humor, y también es muy posible que a veces te sientas deprimido o con ansiedad.

Estamos de nuevo ante la situación descrita en el capítulo segundo, una inflamación de la falsa autoimagen. Tu autoimagen, tratando de protegerte del cambio, está hinchándose y empezando a generar ansiedad en tu vida.

Si eres persistente y decides mantener el trabajo de comercial hasta que encuentres lo que querías, lo que sucederá a continuación es que tu imagen de ti mismo empezará a relajarse y a reconstruirse poco a poco volviéndose más flexible y abarcadora. A medida que tu imagen de ti mismo se reconstruye adaptándose al nuevo ambiente empiezas a sentirte un poco más a gusto y seguro en tu nuevo empleo. Las situaciones que antes te irritaban o te daban miedo ahora te molestan menos o ya no les prestas especial atención y sientes que puedes desarrollar este trabajo de manera más o menos eficaz.

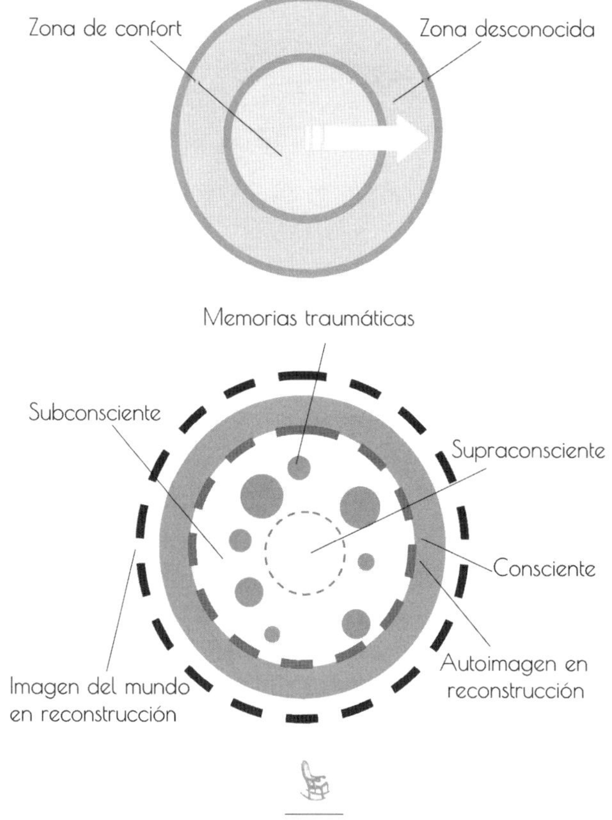

Fase III. Adaptación

Si el proceso continúa durante un tiempo, por ejemplo, seis meses o un año, conseguirás integrar perfectamente en tu mente y en tu vida el cambio con el que el destino te estaba poniendo a prueba. En consecuencia, aparecerá en tu nueva actividad un nivel más alto de adaptación, seguridad y confort que te indica que has convertido esta zona desconocida en una zona de confort.

¡Felicidades! Te has superado a ti mismo y has completado tu aprendizaje en esta experiencia de vida. Ahora ya no sólo no te molesta tener que hablar con desconocidos, sino que disfrutas de ello, conoces y manejas bien las estrategias de venta, te sientes a gusto en tu lugar de trabajo e integrado entre tus compañeros. Tus nuevas habilidades y conocimientos te permiten predecir tus ingresos a final de mes, y tal vez incluso sean más altos de lo que esperabas al principio.

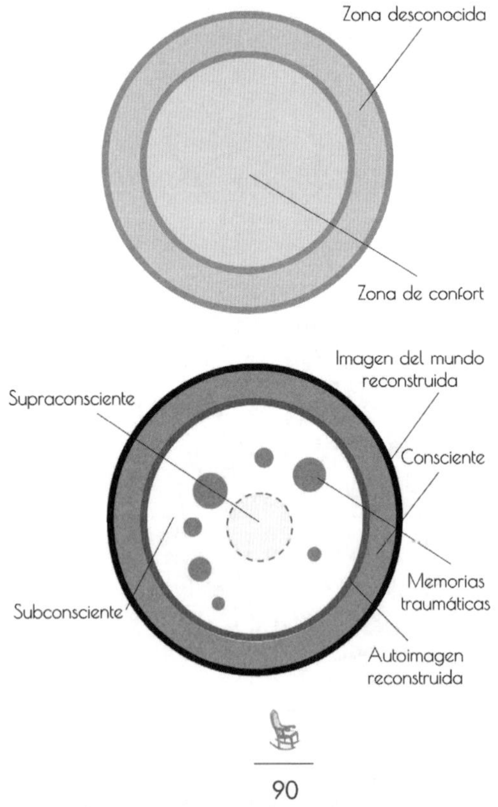

Tu personalidad habitual ahora también es más flexible. Ya no sientes tanta necesidad de orden y control, puedes ser abierto, comunicativo e improvisador si la situación lo requiere. Dentro de tu propia mente has agrandado tu zona de confort ampliando y reajustando la imagen de ti mismo. Tu conciencia ha sido expandida, puedes decir que ahora eres más consciente que antes. En resumen, has crecido por dentro, has completado un nuevo nivel de maestría en tu vida.

La zona conocida y desconocida en las relaciones personales

La mente humana tiene una tendencia especialmente fuerte a crear zonas de confort en el área de las relaciones personales. El proceso de creación de una zona de confort a través de las relaciones es el mismo que se ha descrito arriba.

Supongamos que eres soltero y te gusta vivir solo y a tu aire. Un día conoces a una persona que te gusta, empiezas a salir con ella y después de unas semanas apasionadas vuestra relación se consolida como relación de pareja. Antes de esto tu vida de soltero probablemente representaba una zona de confort en tu vida. Tal vez tuviera carencias importantes, pero sin duda es un área de tu vida que conocías bien y sobre la cual tenías bastante control. Quizá te sintieras solo en ocasiones, pero no tenías que dar explicaciones a nadie de tus decisiones. Una vez que decides profundizar en esta nueva relación y hacerla tu pareja también decides entrar en un área sobre la cual no tienes tanto control. Tus hábitos, tus gustos, tus decisiones, tu tiempo libre y muchas otras cosas de tu vida que hasta ahora sólo dependían de ti están ahora bajo la influencia de otra persona. A su vez esta otra persona trae a tu vida muchos elementos nuevos que antes no estaban: nuevas personas, nuevos lugares, nuevas ideas, gustos, hábitos, decisiones, etcétera.

En tu vida de soltero tal vez funcionaba una imagen de ti mismo de joven independiente, autónomo y aventurero. Sin embargo, es posible que los sentimientos que ahora tienes por tu pareja despierten en ti al niño que no recibió suficiente atención de su madre. Y esto te pondrá de frente con tu parte más vulnerable y dependiente.

Tal vez decidáis vivir juntos y compartir los gastos de la vivienda y otras cosas. Tal vez tu situación laboral cambie y necesites que tu pareja te ayude económicamente durante un tiempo. En este caso tu imagen de persona económicamente independiente también sufriría un traspiés.

Tal vez has dado con una persona que es más bien hogareña, le gusta vivir en familia, rodearse de sus amistades, frecuentar los mismos lugares y cultivar un jardín. Le gusta ir ocasionalmente de viaje, pero con todo organizado y a ser posible alojarse en un buen hotel.

Lógicamente en tu nueva relación ya no habrá tanto tiempo para las aventuras. Por el contrario, necesitarás desarrollar una faceta de ti mismo sociable y protectora cuando hasta ahora solamente habías tenido que cuidar de ti mismo. En resumen, es muy probable que en ocasiones te sientas incómodo e inseguro en tu nueva etapa. Es probable que tengas discusiones o desencuentros con tu pareja, o que pierdas el interés, o sientas que la relación te deprime o te produce ansiedad.

De hecho, las relaciones de pareja son una de las principales causas de ansiedad. Las relaciones de pareja someten a la autoimagen a un constante bombardeo, por eso son una gran fuente de ansiedad, pero también de crecimiento.

Continuemos con el ejemplo. Supongamos que esta persona resulta ser realmente importante para ti y decides que quieres seguir en la relación a pesar de las cosas que no te gustan y de todos los cambios en tu vida que esta relación implica. Consigues readaptar la imagen que tienes de ti mismo a través de la relación y desarrollar nuevas facetas de tu personalidad para que todo pueda fluir. A pesar de tus gustos e inclinaciones personales empiezas a aceptar tu vulnerabilidad y necesidad de afecto y atención, eres capaz también de aceptar ayuda económica y de compartir tus ingresos, y eres capaz de disfrutar de una vida tranquila, hogareña y con muchas relaciones sociales. Eres capaz de dar la compañía, el afecto y el apoyo emocional que tu pareja desea recibir de ti. Poco a poco las tensiones se van relajando, y empiezas a sentirte cómodo en tu nueva situación. Los momentos de ansiedad ya casi no aparecen y te sientes totalmente implicado en esta relación. Empiezas a pensar que sería buena idea casarte y tener hijos con esta persona.

Supongamos que tu pareja está de acuerdo y fijáis una fecha para vuestra boda. Ese día también estarás cruzando una nueva e importante barrera en tu vida y en tu mente, y tendrás que reajustar tu autoimagen muchas veces hasta que te sientas cómodo y seguro. Ahora no solamente hay una persona importante en tu vida, quizá vengan dos o tres más, más familiares, más lugares, más ideas nuevas, más necesidades que atender... y menos tiempo para la aventura.

Después de tu banquete de bodas, tu luna de miel y tus primeros meses de feliz matrimonio es más que probable que aparezcan elementos que te hagan sentir incómodo e inseguro en tu nueva vida. Tal vez una hipoteca que haga tambalearse de nuevo tu imagen de persona económicamente autónoma. Tu mujer será la persona más cercana y que más sabe de ti, conocerá tus emociones y otros aspectos de ti que hasta ahora nadie sabía. Tus hijos pondrán a prueba tus habilidades emocionales y afectivas, y de nuevo verás reducirse tus cuotas de independencia. Es posible que esta situación te genere ansiedad hasta que logres ajustar adecuadamente tu imagen de ti mismo a tu nueva vida y consigas completar el proceso de transformar tu mente de joven independiente y aventurero en la mente de un padre estable, proveedor y protector.

No solamente las relaciones de pareja, sino las relaciones humanas en general, suponen a menudo un desafío para nuestra zona de confort. Entrar en comunicación con un desconocido por motivos de trabajo, por cuestiones sociales o simplemente por casualidad, siempre supone una experiencia nueva para nuestra mente y con frecuencia hace que algún aspecto de nuestra autoimagen sea puesto en cuestión y nuestra personalidad se ponga a la defensiva para protegerla.

Las relaciones de pareja, sin embargo, tienen una profundidad emocional que las hace extremadamente poderosas, tanto para crear zonas de confort en nuestra vida, como para sacarnos de ellas.

En efecto, una relación de pareja, cuando tiene éxito, habitualmente se convierte en una zona de confort extremadamente estable. De hecho, salir de ella suele significar una de las experiencias más dolorosas que vivimos los seres humanos.

Imaginemos el caso de una chica joven que ha vivido un noviazgo de cinco años. Tenía veinticinco años cuando empezó la relación, en el momento de la ruptura tiene treinta. Comenzó su relación cuando estaba terminando sus estudios universitarios con un joven de su edad. Todo iba bien, después de unos meses se fueron a vivir juntos, tenían amigos comunes, iban de viaje, conocieron a las respectivas familias, etcétera.

La chica estaba feliz, así que después de un tiempo razonable empezó a hacer planes de boda. Su novio, sin embargo, no estaba tan seguro de querer formar una familia todavía y le iba dando excusas durante un tiempo. La chica quería formar una familia y no podía dejar de pensar en ello. La relación empezó a enfriarse hasta que definitivamente se rompió.

Después de cinco años de relación y cuatro de convivencia ambos habían creado una zona de confort muy estable alrededor de esta relación. Estaban seguros de satisfacer fácilmente sus necesidades de afecto, compañía y contacto físico. Sus vidas tenían un orden claro que funcionaba a nivel económico, social y familiar. Lo cierto es que, a excepción del hecho de que no tenían las mismas perspectivas de futuro, ambos se sentían realmente cómodos y seguros en la relación.

Al romperse la relación ambos tienen que salir a una zona relativamente desconocida de nuevas relaciones sociales y, sobre todo, a una zona desconocida en relación con su propia afectividad y sexualidad. Inevitablemente ambos pasarán por un periodo de duelo, y muchas personas en esta situación pasarán también por un periodo de ansiedad hasta que consigan hacer de su nueva etapa vital una zona de confort. Tendrán que ajustar la imagen que tenían de sí mismos a la nueva situación y desarrollar nuevas cualidades como la independencia, especialmente a nivel emocional. Hasta que lo consigan, con toda probabilidad experimentarán su nueva situación como una zona insegura e incómoda, y tal vez incluso intentarán reconstruir esta sensación de seguridad y confort con otra pareja.

Conclusiones

En todos los aspectos importantes de la vida la mente tiende a crear parcelas o zonas de confort. Cuánto más importante sea el asunto en cuestión, más necesidad y urgencia de crear una zona de confort alrededor de ello.

Nuestra habitación, nuestra casa y nuestro barrio tienden a ser zonas de confort. En ellos sabemos dónde está cada cosa y qué función cumple en nuestra vida. Nuestro lugar de trabajo y nuestra actividad profesional son zonas de confort donde sabemos cómo actuar para mantener nuestro modo de vida. Nuestras relaciones íntimas tienden a convertirse en zonas de confort en las cuales podemos sentirnos satisfechos física y emocionalmente. Nuestras relaciones de amistad se convierten en zonas de confort donde satisfacer nuestras necesidades de comunicación en una atmósfera segura y agradable; nuestras relaciones familiares tienden a convertirse en zonas de confort donde cada individuo cumple un papel estable que nos aporta el necesario sentimiento de pertenencia.

Nuestro tiempo libre tiende a organizarse también según zonas de confort, por ejemplo: si te gusta ver fútbol es posible que contrates un canal de pago que garantiza retransmisiones regulares, o que vayas siempre a una cafetería que ofrece el partido del domingo. Si te gusta la ópera quizá te saques un abono en el auditorio de tu ciudad para ver todas las funciones. Sin duda todo lo que tiene que ver con nuestra salud y la salud de nuestros seres queridos es organizado por la mente dentro de una zona de confort. Y nuestro modo de vida es la zona de confort que abarca a todas las demás zonas de confort. Esto representa el funcionamiento normal de la mente humana.

Cada vez que cambian las circunstancias que influyen en alguno de los aspectos importantes de nuestra vida, y la zona de confort correspondiente es puesta en peligro, hay bastantes posibilidades de que la autoimagen se vuelva hipersensible y aparezca la ansiedad. Siempre que hay un cambio importante en nuestra vida habrá cierta ruptura y cierto nivel de estrés mental.

Los lugares en los que desarrollamos nuestra existencia y que convertimos en zonas de confort están asociados frecuentemente a etapas de nuestra vida. El momento en el que salimos de este lugar y de la zona de confort correspondiente suele coincidir con el comienzo de una nueva etapa en nuestra vida. Te invito a que observes el proceso:

La primera zona de confort es el útero materno, donde todas nuestras necesidades emocionales y físicas están automáticamente satisfechas. La segunda zona de confort son los brazos de mamá y papá hasta que aprendemos a caminar solos. La tercera zona de confort es nuestro hogar materno. La cuarta zona de confort es nuestro propio hogar cuando nos hacemos adultos.

En otras áreas de nuestra vida la guardería y el colegio al que vamos de niños se convierten con el tiempo en zonas de confort. El instituto, la facultad o el lugar donde cursemos nuestra formación para la vida adulta también se convierten en una zona de confort. Nuestro vecindario, nuestro pueblo o nuestra ciudad y las relaciones que allí establecemos tienden a convertirse en una zona de confort. Y después, nuestro trabajo, nuestra familia, nuestro hogar y las relaciones que establecemos como adultos se convierten en zonas de confort.

Cada vez que cambiamos de etapa o tenemos que salir de alguna de estas zonas que hemos hecho habitables (a veces con gran esfuerzo), podemos sentirnos desarraigados, perdidos y abandonados, y a menudo en estas etapas de cambio experimentaremos dolor y resistencia mental en la forma de ansiedad.

Sin embargo, tan natural como es la necesidad de sentirnos seguros y protegidos en el ámbito donde desarrollamos nuestra vida, es el impulso de crecer y desarrollarnos completamente. Si el bebé no saliera del útero moriría dentro de su zona de confort. Si el niño o la niña no son capaces de crear una zona de confort más allá del hogar materno nunca podrán realmente madurar como personas, hacerse independientes, y encontrar sus propias respuestas al gran interrogante que es la vida.

Así pues, ya sea por un sano impulso interior de vivir y desarrollarnos, ya sea por una sacudida externa, a lo largo de nuestra vida de manera repetida somos compelidos a superar nuestros propios límites como seres humanos.

Aprender a hacer esta transición de una etapa a otra, de una zona conocida a una nueva zona de experiencia vital, es un gran misterio y enseñanza de la experiencia humana. Las personas que más sufren al vivir estos cambios son individuos que están llamados por la propia vida a desarrollar una maestría especial, a entender los misterios de la vida humana y a enriquecer su propia existencia y también la de otras personas.

Así pues, la ansiedad no es sino un efecto natural de la tarea que el universo nos ha asignado a los seres humanos: vivir y aprender, crecer expandiendo cada vez más la idea que tenemos sobre quiénes somos a medida que desplegamos todo nuestro potencial.

Sin embargo, ¿quiere esto decir que siempre vas a tener ansiedad mientras haya cambios en tu vida? La respuesta es que no, aunque para cierto número de personas es posible que la ansiedad reaparezca en alguna o algunas de estas etapas de transformación interna:

En la mayoría de los casos es más frecuente experimentar ansiedad durante nuestra juventud o cuando aparecen crisis muy fuertes como una pérdida cercana, una crisis económica grave o una ruptura de pareja. Después de esa crisis importante los procesos de ansiedad tienden a desaparecer o a ser cada vez más suaves y fáciles de gestionar. Con cada cambio importante las personas tienden a adquirir verdadera sabiduría y se liberan del miedo y la ansiedad.

Solamente las personas que han tenido una infancia especialmente traumática suelen experimentar ansiedad durante periodos prolongados en diferentes etapas de su vida. Esto no es difícil de entender, las personas que han sufrido mucho también tienen más miedo al dolor emocional y son más propensas a tener procesos de ansiedad. Por lo tanto, estas personas suelen necesitar más apoyo en su proceso, pero naturalmente también consiguen sanar sus heridas en cada crisis y paso a paso pueden conseguir el equilibrio y la armonía en sus vidas.

Ejercicio 8

Transformando la zona desconocida en zona confort

Te propongo la siguiente práctica. Si estás viviendo ansiedad en este momento, según todo lo que hemos explicado, quiere decir que estás viviendo una etapa de cambios importantes. Esto significa que estás saliendo de una zona conocida y entrando en una zona desconocida. Si observas con atención podrás reconocer cuál es la zona desconocida en la que estás entrando: tal vez, como en los ejemplos anteriores, se trate de un nuevo trabajo o una nueva relación, tal vez se trate de otro tipo de cambio que te obliga a entrar en un aspecto de la vida hasta ahora desconocido para ti. A veces puede suceder que la transformación afecte varias o muchas áreas de nuestra vida.

Te revelaré un magnífico secreto: la mente humana necesita alrededor de treinta incursiones dentro de la zona desconocida para transformarla en una zona de confort y empezar a sentirse relativamente segura en ella.

Sabiendo esto te propongo que, de manera deliberada y consciente, pero muy poco a poco y gradualmente, pruebes a exponerte a aquello que te produce ansiedad. Puedes empezar con unos segundos o minutos y cada vez alargar este tiempo un poco más a medida que te sientas más seguro. Intenta repetir tus inmersiones de una manera regular, siempre de manera suave y amorosa contigo.

Sería bueno que programaras estas exposiciones en una agenda o en un cuaderno. Apunta diez citas con tu ansiedad espaciadas de una forma regular, por ejemplo, una o dos veces por semana. Intenta que estas exposiciones duren cada vez un poco más. Empieza con una duración que sea segura para ti y en cada ocasión aumenta un poco más el tiempo de exposición. Apunta cómo te sientes en cada encuentro. Al final de las diez citas con tu ansiedad valora cómo te sientes y programa otras diez citas aumentando el tiempo de exposición hasta diez minutos. Cuando seas capaz de exponerte durante diez minutos programa otras diez citas de diez a quince minutos. La clave de este ejercicio está en la perseverancia y en la regularidad.

Aunque se trata de un proceso lento, esta técnica suele fortalecer la confianza y la autoestima desde el primer momento. Además, es una gran ayuda para aprender a manejar un nivel de ansiedad medio. Sin embargo, si en este momento estás sufriendo ansiedad muy intensa o ataques de pánico tal vez sea mejor empezar por otro tipo de ejercicios. Recuerda que no se trata de demostrar nada, sino de progresar paso a paso.

Ejercicio 9

Crea la autoimagen que necesitas

El siguiente ejercicio es parecido al ejercicio de la mentira personal. Vamos a crear una nueva autoimagen para hacer más fácil la transformación que necesitas. Vamos a crear una nueva autoimagen que te ayude específicamente con la situación de cambio que estás viviendo.

Es importante que puedas primero identificar claramente cuál es el desafío que te presenta la vida. Tal vez se trata de un cambio de trabajo, pareja o residencia. Puede ser que hayas empezado un proyecto importante, una carrera o una familia. O quizá has vivido una pérdida o una decepción importante. Escribe en un papel de forma breve y concisa en qué consiste el cambio que estás viviendo.

A continuación, escribe qué cualidades crees que requiere de ti esta nueva situación. Tal vez sean habilidades sociales o cualidades mentales como la flexibilidad, disciplina, paciencia, humor, etcétera. ¿Cómo sería la persona ideal para este desafío?

Escribe después cuál de estas cualidades es la que consideras más importante para resolver con éxito esta nueva experiencia.

En el siguiente paso vas a crear tu afirmación utilizando la siguiente fórmula:

Yo, [tu nombre], soy el/la mejor [describe la función
que desempeñas en tu zona desconocida]:
mi [escribe la habilidad que has seleccionado] siempre
crea [escribe el resultado que deseas obtener].

Por ejemplo, supongamos que la situación que estás viviendo es la siguiente:

Acabas de entrar como profesor de primaria en un nuevo colegio y tus alumnos están a punto de volverte loco. La cualidad más importante que has escogido es la paciencia. En ese caso podrías trabajar con una afirmación como la siguiente:

Yo, [tu nombre], soy el mejor maestro para mis alumnos:
mi paciencia siempre crea armonía, respeto y confianza.

Trabaja durante tres semanas con esta afirmación, o hasta que te sientas cómodo en tu zona desconocida.

Recuerda siempre que la persona ideal para superar esta situación con éxito eres tú.

4

CRISIS PERSONALES

La vida es crecimiento, desarrollo, evolución. Para los seres humanos esto significa, ante todo, desarrollo de la conciencia. Es decir, desarrollo de nuestra capacidad para comprender la realidad y a nosotros mismos, no de una forma meramente intelectual o científica sino a través de la experiencia directa.

Así pues, el movimiento natural de la vida implica cambio, experiencias nuevas y aprendizaje continuo. Esto es la vida del ser humano. Las personas que no son capaces de abrir su mente al cambio se vuelven rígidas, dogmáticas y, en los casos más extremos, fanáticos.

Como hemos visto en el capítulo anterior, un cambio en nuestra vida implica un cambio en nuestra mente. Salir de una zona de confort y entrar en un área de experiencia desconocida implica romper con la falsa idea de nosotros mismos que limita el desarrollo de nuestro potencial.

Muchas personas hacen este cambio motivadas por un impulso interior, por simples ganas de vivir, deseo de experimentar algo nuevo, o un deseo profundo de crecer y superar sus límites.

A veces este cambio se reduce a algo tan sencillo como aburrirse de lo que ya conocemos perfectamente. Así es como crecemos cuando somos niños. Nos aburrimos de nuestros juguetes de bebé y queremos juguetes de niños grandes, nos cansamos de correr y aprendemos a patinar, nos aburrimos de los patines y empezamos a montar en bicicleta, etcétera. Esta es realmente una forma saludable de crecer y desarrollarse que la mayoría de los adultos conservamos al menos en parte.

Sin embargo, cuando llegamos a la edad adulta, todas las experiencias traumáticas que hemos acumulado han creado un rígido sistema defensivo en la mente y mucho miedo al dolor emocional. Así que para la mayoría de los adultos el cambio no siempre es algo sencillo. En este caso el cambio viene impulsado desde afuera por la propia vida a través de situaciones inesperadas que nos obligan a salir de nuestra zona de confort. A estas situaciones y al proceso de transformación interna que las acompaña las llamamos comúnmente crisis. Puesto que las crisis nos obligan a salir de nuestra zona de confort en contra de nuestro deseo y tendencia, es probable que nuestra autoimagen sufra y tengamos ansiedad.

Existen muchas circunstancias que pueden crear este tipo de cambios inesperados. Pero hay algunas situaciones relativamente habituales que tienen el poder de generar cambios dramáticos y ansiedad en la vida de muchas personas. Para cada una de estas etapas te propongo algunas afirmaciones que te pueden ayudar. Puedes trabajar con ellas del mismo modo que explicamos en el ejercicio de la mentira personal (página 79).

Escoger estudios universitarios o un oficio

Supone para muchos jóvenes el tránsito a la edad adulta. Es una etapa altamente conflictiva en la cual los jóvenes pueden atravesar procesos de ansiedad y a menudo pueden también padecer depresión por sentirse obligados a escoger un camino del que no se sienten seguros.

Es un rito de paso simbólico entre la adolescencia y la edad adulta. Por tanto, supone un enorme cambio para nuestra autoimagen. En estos casos la ansiedad suele aparecer como forma de evitar que el joven pueda hacer esta transición y crear la autoimagen de un adulto. Como es lógico, la ansiedad suele aparecer vinculada con las pruebas de acceso a los estudios que se quieran cursar.

Afirmación recomendada:

Hacerme independiente es fácil y seguro para mí.

Independizarse económicamente

Es un cambio muy similar al descrito anteriormente, de hecho, en muchas personas coinciden ambas etapas. La diferencia es que en el caso de los estudios muchos jóvenes aún permanecen en la residencia de los padres o al menos mantienen allí sus pertenencias y domicilio oficial. Salir de la casa de los padres es otra transición importante entre la juventud y la edad adulta.

A veces las personas se demoran en abandonar el hogar como una forma de evitar esta transición o bien se precipitan en un intento de abandonar un espacio en el que no se sienten a gusto. Es una etapa de cambio muy importante que puede activar ansiedad e ir acompañada de emociones intensas proyectadas en todo tipo de situaciones disfuncionales en el nuevo círculo social.

Afirmación recomendada:

La vida siempre me apoya para que realice mis sueños.

Cambios de residencia a otra ciudad o país

Los cambios de residencia suponen siempre una transición a una nueva etapa de la vida y pueden ir acompañados de situaciones conflictivas y emociones fuertes.

Para muchas personas ello implica tomar una gran distancia de sus puntos de apoyo emocional, a menudo en situaciones económicas delicadas.

Afirmación recomendada:

Yo, [tu nombre], soy siempre bienvenido.

Relaciones de pareja y rupturas amorosas

Las relaciones de pareja, como hemos visto, son un factor generador de ansiedad muy importante. La pareja refleja de forma muy poderosa nuestras carencias en la relación materna o paterna, y la profundidad de los sentimientos que se despiertan durante la relación fácilmente puede abrir antiguas heridas de la infancia. Estar dispuestos a recibir lo que no recibimos de pequeños siempre hace aflorar un antiguo dolor que puede despertar ansiedad, temor y rechazo a nuestra propia vulnerabilidad.

Es muy importante dentro de la relación de pareja estar abiertos a sanar esta carencia de nuestra infancia y respetar la herida de la otra persona. Existen programas de sanación en pareja que son realmente útiles y permiten a las dos personas disfrutar de su relación y al mismo tiempo aprovecharla para su propia sanación y crecimiento.

Afirmación recomendada:

Yo, [tu nombre], soy siempre amado.

El final de las relaciones supone en muchos casos el primer contacto con la ansiedad. La relación de pareja es una relación tan íntima y profunda que la separación inevitablemente deja al descubierto nuestras heridas de la infancia. Debemos verlo siempre una oportunidad de gran crecimiento y darnos el tiempo y apoyo que necesitemos para sanar las heridas que han salido a la luz. Una ruptura sentimental suele ser una experiencia profundamente dolorosa pero su potencial de crecimiento es aún mayor.

Afirmación recomendada:

El amor me acompaña en cada etapa de mi camino.

Casarse

Para muchas personas supone la decisión más importante que toman en su vida e implica un cambio radical en su forma de vivir. Es inevitable que este cambio afecte a los procesos de nuestra mente y debemos estar preparados para ello. Casarse significa situarse conscientemente en el nivel de madurez requerido para cuidar de otras personas además de uno mismo. Por eso el matrimonio tiende a despertar carencias y heridas que nos han impedido completar nuestro desarrollo psicológico hasta ahora. Este proceso de completar nuestra maduración como seres humanos puede desencadenar ansiedad, crisis matrimoniales, crisis con las familias de origen, cambios de trabajo y residencia, etcétera.

Afirmación recomendada:

Agradezco a la vida la oportunidad de desarrollarme cuidando de las personas que quiero.

Tener hijos

Supone la coronación del proceso que se empieza con el matrimonio. Los niños son expertos sanadores para los adultos y suelen conseguir que afloren en sus padres todos los conflictos aún no resueltos. Tener hijos puede despertar ansiedad, depresión y otros trastornos dependiendo de nuestras propias carencias afectivas y traumas de la infancia. Paciencia. Especialmente intenso puede ser el proceso para la madre a lo largo de la gestación, el embarazo y la lactancia. La depresión postparto es casi siempre un proceso desencadenado por la energía sanadora del bebé que ha venido al mundo.

Pero ver a los hijos crecer y hacerse independientes también puede despertar procesos de sanación en los padres. Cuando los hijos se van del hogar los padres tienen que reajustar de nuevo su propia psique, hacerse a la idea de que ya no son imprescindibles, buscar nuevas motivaciones para seguir desarrollándose y creciendo como personas. La partida de los hijos también puede despertar procesos de ansiedad.

Afirmaciones recomendadas:

Soy el padre / la madre ideal para mis hijos.
La vida me ha confiado a mis hijos porque
soy la persona ideal para cuidar de ellos.

Para padres que ven a sus hijos hacerse independientes:

Respetar la libertad y el desarrollo de mis hijos me ayuda
a crecer como persona y como padre/madre.

Divorciarse

Este tipo de ruptura reúne todos los elementos para despertar un proceso de ansiedad: separación de la pareja, separación de los hijos, nuevo lugar de residencia, crisis económicas, a veces una nueva pareja, más el propio abandono que hayamos vivido de pequeños si nuestros padres se divorciaron. Es un coctel ideal para despertar un proceso de sanación profundo. Las personas que lo atraviesan deben ser conscientes de ello y tomar todo el tiempo y apoyo necesario para hacer la transición.

Afirmaciones recomendadas:

Yo [tu nombre], ya no busco a la persona perfecta.
Yo soy la persona perfecta.
Cuanto más feliz soy, más felices son las personas que amo.
Mi relación conmigo mismo/a es la relación
más importante de mi vida.
El amor me acompaña en cada etapa de mi camino.

Pérdida de seres queridos

Cuando somos adultos estamos psicológicamente mejor preparados para afrontar las pérdidas que cuando somos niños. Sin embargo, la muerte de personas cercanas puede abrir heridas profundas de nuestra alma y es un desencadenante habitual de procesos de ansiedad. Es importante no ocultarte a ti mismo el dolor de la pérdida y respetar tu proceso de duelo que puede llevar más o menos tiempo dependiendo de la relación que tengas con la persona que ha muerto.

Debemos señalar también que un aborto, aún en las primeras etapas de la gestación, a menudo despierta intensos sentimientos de culpa, desesperanza y frustración en la mujer, y suele ir acompañado de un periodo de duelo en el cual fácilmente puede aparecer la ansiedad y la depresión.

Afirmaciones recomendadas:

[Nombre de la persona que ha fallecido] permanece
conmigo, solamente el cuerpo físico desaparece.

Aborto:

Confío en la inteligencia infinita que guía mi vida.

Perder el empleo y crisis económicas

El trabajo, especialmente para los hombres, representa una de las piezas clave en el sistema de vida y en la autoimagen. Perder el trabajo te obliga a hacer cambios muy importantes en tu manera de vivir, especialmente cuando ya no se es joven. Es una situación que suele despertar un proceso de sanación y a menudo puede activar también un proceso de ansiedad. En la misma categoría, aunque con un nivel de impacto menor, estarían los cambios laborales como traslados, cambios de horario, cambios en el sueldo o las condiciones de trabajo, cambios de jefe, etcétera.

Afirmaciones recomendadas:

Siempre que algo desaparece es porque
algo mejor está llegando a mi vida.

La vida cuida siempre de mí.

Estoy abierto a desarrollar una actividad
en la que pueda crecer y servir a los demás
con mis talentos y habilidades.

Crear una empresa o proyecto personal de vida

Empezar un proyecto de vida es una situación que implica un movimiento psicológico parecido al anterior, sólo que en este caso es la persona la que decide hacer el cambio y no la vida la que le obliga a ello. De todas maneras, puede afectarnos de una forma parecida y puede desencadenar procesos de ansiedad, especialmente si se tiene éxito.

Afirmaciones recomendadas:

Soy un éxito total.

Tengo éxito en todo lo que me propongo.

Para mí, [tu nombre], tener éxito en mis proyectos
es la mejor manera de ayudar a otras personas.
Yo, [tu nombre], merezco tener éxito.
Yo, [tu nombre], merezco crear la vida que sueño.

Oportunidades importantes de realización personal

Ascensos laborales, reconocimientos profesionales, éxitos deportivos o artísticos, etcétera, pueden hacer aflorar antiguas memorias de desaprobación y falta de valoración por parte de los padres, desencadenando patrones de autosabotaje y procesos de ansiedad. Recuerda que conseguir lo que queremos conlleva habitualmente un periodo de duelo por aquella época de nuestra vida en la cual deseábamos algo profundamente y no pudimos tenerlo. Muchísimas celebridades han vivido profundas crisis al alcanzar cierto nivel de éxito y fama.

Afirmaciones recomendadas:

Crecer profesionalmente me ayuda a ser feliz
y desarrollarme como ser humano.
Yo, [tu nombre], merezco tener éxito.

Menopausia

Para muchas mujeres el final de la vida fértil puede suponer una importante crisis de identidad. La fertilidad es uno de los valores sociales más fuertemente asociados con la imagen de la feminidad. Con la llegada de la menopausia muchas mujeres temen perder su atractivo personal, su salud y juventud. Naturalmente que esta situación supone un cambio drástico en la autoimagen de la mujer, el cual con frecuencia puede dar lugar a un proceso de ansiedad o depresión.

Afirmaciones recomendadas:

Mi naturaleza como mujer es perfecta y bella en cada etapa de la vida.

Enfermedades graves

Cuando somos diagnosticados de una enfermedad que pueda implicar un riesgo grave esta experiencia inevitablemente nos conecta con nuestra parte más vulnerable y dependiente, con nuestras memorias de abandono y abuso y con el miedo a morir. Todas estas circunstancias hacen muy fácil que se abra un proceso de ansiedad.

Afirmación recomendada:

La vida cuida de mí y me guía hacia la salud, el éxito y la felicidad.

Jubilación

Para la mayoría de las personas supone un cambio radical en sus vidas. La jubilación abre un enorme espacio en nuestra vida y en nuestra mente dentro del cual puede aflorar una gran cantidad de trauma de la infancia y problemas no resueltos de la edad adulta.

Afirmaciones recomendadas:

Merezco descansar.

Cuánto más feliz soy, mejor puedo ayudar a las personas que amo.

Cuidar de las personas que amo y disfrutar de la vida es mi tarea más importante.

Cuidar de nuestros padres

Cuando los padres envejecen o se encuentran en una situación de dependencia y tenemos que cuidar de ellos, puede suceder que aflore nuestro trauma de abandono de la infancia.

Afirmaciones recomendadas:

Agradezco a la vida la oportunidad de mostrar mi gratitud y amor a mis padres.

Cuidar de mis padres me ayuda a ser un hombre/mujer completo/a.

Agradezco a la vida poder compartir más tiempo con mis padres.

Situaciones de extrema violencia y desamparo

Crímenes, abusos físicos o sexuales, guerras, catástrofes naturales, ruinas pueden despertar nuestros aspectos más vulnerables y es habitual y normal que desencadenen un proceso de ansiedad. Es muy importante para estos casos contar con un apoyo adecuado y constante a lo largo del proceso.

Afirmaciones recomendadas:

Dios/ la vida siempre cuida de mí.

Elijo ver la belleza de la vida.

Elijo creer en la bondad de las personas.

Soy hijo/a de Dios.

5

SENSACIONES Y PERCEPCIONES EXTRAÑAS

En este capítulo vamos a aliviar un poco más el peso de la ansiedad comprendiendo por qué a veces tenemos esas sensaciones físicas extrañas que nos asustan y nos hacen temer que podamos estar enfermos.

Para ello necesitamos volver atrás, cuando decíamos que tener ansiedad significa tener emociones reprimidas, muchas emociones reprimidas durante mucho tiempo. Tantas emociones reprimidas durante tanto tiempo que cuando empiezan a salir parece que vamos a explotar.

Las sensaciones físicas extrañas que a veces nos asustan cuando tenemos ansiedad son causadas por la liberación de estas intensas emociones que han estado reprimidas durante mucho tiempo.

El trauma de la desaprobación parental

¿Pero por qué tenemos emociones reprimidas en primer lugar? ¿Y cómo hemos aprendido a reprimir nuestras emociones de tal manera que ni siquiera nos damos cuenta de ello?

La respuesta más simple sería decir que a nuestros padres no siempre les gustaban nuestras emociones. A menudo no les gustaba vernos tristes, enfadados, con miedo, y a veces tampoco les gustaba vernos alegres y contentos.

¿Y por qué nuestros padres reaccionaban de forma negativa a algunas de nuestras emociones? La respuesta a esta pregunta de nuevo es: porque a sus padres tampoco les gustaban las emociones que ellos tenían cuando eran pequeños. Es decir, nuestros padres aprendieron a desaprobar nuestras emociones como sus padres les desaprobaban y reprimían a ellos (y como muchos de nosotros desaprobamos y reprimimos a nuestros hijos sin darnos cuenta de lo que verdaderamente estamos haciendo).

La desaprobación parental y la represión de las emociones infantiles es parte de un programa inconsciente de socialización que se transmite de una generación a la siguiente en la medida en que no tomamos conciencia de dicho programa. En pocas palabras: reprimir a los niños es la forma inconsciente de educarlos para encajar en nuestro sistema cultural. Esta educación inconsciente y violenta produce ciudadanos adaptados a un sistema, pero en conflicto consigo mismos.

Cuando un ser humano percibe que no está bien sentirse de cierta forma siente la necesidad de ocultar este sentimiento. Cuando somos muy pequeños y percibimos que nuestras emociones no son bien recibidas podemos desarrollar el hábito inconsciente de ocultar estas emociones a los demás y a nosotros mismos durante muchos años. Hasta que llega un día en el que ya no aguantamos más.

Por ejemplo: un padre autoritario que de niño aprendió a ocultar el miedo y la tristeza para parecer fuerte, consciente o inconscientemente ejercerá una presión psicológica sobre el miedo y la tristeza en sus hijos. Ello es debido a que él mismo no se siente seguro cuando sus hijos expresan miedo o tristeza. Así, sus hijos aprenderán a esconder también estas emociones para asegurarse el afecto del padre.

Otro ejemplo: Una madre que aprendió a reprimir la tristeza bajo una personalidad endurecida posiblemente enseñará a su hija a reprimir dicha emoción cada vez que necesite expresar tristeza. Esto es así porque la tristeza de la hija es una amenaza para la seguridad emocional de la madre. En consecuencia, la hija, para asegurarse el afecto de su madre, aprenderá a reprimir su tristeza y es probable que desarrolle una personalidad dura similar a la de su madre.

Es decir, alguien que lleva años ocultando sus sentimientos no se siente bien cuando otra persona los expresa, porque esto le hace conectar con los sentimientos que no desea mostrar. En Renacimiento llamamos a esto el *trauma de la desaprobación parental*, y se trata de una de las mayores causas de infelicidad y desequilibrio en las personas adultas.

De manera que si tus padres aprendieron que no estaba bien expresar tristeza y te riñeron o se burlaron de ti porque llorabas, probablemente has estado ocultando esta emoción desde que eras muy pequeño. Probablemente ya ni siquiera te des cuenta de cuándo y cómo lo haces. Es posible que te resulte bastante difícil incluso darte cuenta de que estás triste.

Lo mismo puede suceder con otras emociones como la rabia o el miedo. Hasta puede que hayas aprendido a reprimir tu alegría y espontaneidad si tus padres te desaprobaban cuando eras pequeño.

Recuerda que lo más importante para un niño es el amor y la aceptación de sus padres. Para la mente infantil no ser aceptado y amado por los padres significa literalmente peligro de abandono y muerte. De manera que la mayoría de los niños harán lo que sea necesario para ocultar sus emociones si entienden que sus padres podrían rechazarles por ellas. En resumen: los niños aprenden a reprimir sus emociones para encajar en el mundo de los adultos y garantizar su seguridad física y emocional.

Cómo reprimimos nuestras emociones

Los niños aprenden a reprimir sus emociones desde muy pequeños utilizando la falsa autoimagen. Por ejemplo: si un niño aprende que expresar miedo es un signo de cobardía empezará a desarrollar una autoimagen de persona que nunca tiene miedo, y se comportará delante de los demás de acuerdo con la imagen que quiere dar, aunque en su interior tal vez pensará que es un miedica.

Nuestra personalidad y autoimagen están directamente conectadas con nuestras creencias inconscientes y con las emociones que reprimimos en nuestro subconsciente. La autoimagen está en gran parte construida con las emociones que podemos y no podemos expresar. Por ejemplo, si al llegar a adultos hemos desarrollado una imagen de profesional de éxito, nos sentiremos cómodos expresando emociones positivas como alegría, satisfacción, asertividad, seguridad, firmeza, etcétera. Sin embargo, no nos será fácil expresar ni sentir emociones negativas como frustración, tristeza, decepción, y otras emociones que no encajan con esta imagen que queremos dar a los demás.

Esta falsa autoimagen que desde muy temprano hemos creado para protegernos del dolor emocional nos obliga a actuar de una manera determinada, y crea tensión en el cuerpo para impedir que las emociones sean visibles a otras personas.

La falsa autoimagen te hace respirar, hablar y moverte de una manera particular para dar la imagen que deseas. Un niño que desea hacer creer a los demás que nunca tiene miedo puede desarrollar una actitud de bravuconería, inflará el pecho, levantará la barbilla, estará dispuesto a pelearse a la primera oportunidad. Su autoimagen le obligará a utilizar su cuerpo, su voz y su respiración de manera tensa cada vez que su valentía pueda estar en entredicho.

A medida que pasan los años y seguimos reprimiendo emociones la tensión física que el cuerpo tiene que generar para evitar que éstas se expresen se hace cada vez mayor. La mayoría de las personas tienen una enorme cantidad de tensión muscular acumulada, contracturas y posturas físicas desequilibradas, sin ser conscientes de ello. Esta situación puede llegar a deformar parcialmente algunas partes del cuerpo acortando y alargando músculos y tendones, y creando diferentes facciones y otros signos en la fisionomía de las personas.

Resumiendo todo lo anterior: *la falsa autoimagen y la personalidad ocultan las emociones que no queremos sentir mediante tensión muscular.*

Ahora viene la parte más importante:

Como hemos visto en los capítulos anteriores, la ansiedad aparece cuando la autoimagen se está rompiendo o está a punto de romperse debido al cambio que estamos viviendo. Cuando la autoimagen se rompe la tensión física que contenía las emociones reprimidas es automáticamente liberada. En este momento el cuerpo por fin comienza a relajarse, y justamente ahí es posible que experimentemos diferentes sensaciones poco familiares más o menos molestas. Estas son las famosas "extrañas sensaciones" que nos pueden hacer pensar que tenemos una enfermedad. Pero estas sensaciones son solamente la manifestación de una tensión acumulada durante mucho tiempo que por fin se está liberando.

Las sensaciones físicas más habituales que podemos experimentar antes o durante una crisis de ansiedad son:

Dolor

Una sensación habitual propia de la ansiedad es el dolor físico. El dolor es el síntoma de que emociones reprimidas por largo tiempo se están empezando a liberar.

Este sencillo experimento te ayudará a entender fácilmente por qué experimentamos dolor cuando se liberan emociones: aprieta un puño tan fuerte como puedas, mantenlo apretado con toda tu fuerza durante tres minutos, después ábrelo…

Imagina que has estado apretando tu cuerpo no durante tres minutos, sino durante treinta años. Es normal que cuando empiece a relajarse tengas sensaciones de dolor agudo en aquellas partes que estaban tensas. Así pues, la liberación de las tensiones físicas sostenidas por largo tiempo suele producir algún tipo de molestia, habitualmente dolor agudo o pinchazos.

Muchas veces estos pinchazos tienen lugar en el área del tórax. Este es uno de los lugares donde se almacenan más emociones reprimidas. Es posible que haya tanta tensión muscular en esta zona que nos cueste mucho esfuerzo inhalar en la parte alta del pecho. Así pues, cuando esta tensión comienza a aflojarse a menudo aparecen sensaciones o dolores agudos en la zona del pecho y el corazón. Si este es tu caso naturalmente puedes hacerte una prueba en el hospital si te ayuda a estar más tranquilo, pero en casi todos los casos este dolor no tiene nada que ver con una enfermedad coronaria. Es una de las sensaciones más habituales que se producen cuando hay ansiedad.

Dolor de cabeza, vértigo y mareos

Estas sensaciones se dan cuando la persona acumula tensión muscular en el área del cuello. Es una sensación más habitual en las mujeres, quienes tienden acumular tensión en la zona cervical. Esto sucede a menudo cuando tenemos muchos miedos inconscientes y necesidad de controlarlo todo. Cuando la tensión aumenta pueden producirse dolores de cabeza, ojos y oídos, y vértigos debido a la presión sobre los nervios de la columna cervical. Cuando la presión se relaja puede aparecer el mareo e incluso náuseas y vómitos. Si tienes una personalidad de tipo controlador es posible que tengas tendencia a tener ansiedad y a experimentar esta clase de sensaciones físicas en los momentos de cambios importantes en tu vida.

Las personas que acumulan tensión en el cuello debido a miedos inconscientes también pueden notar pitidos o dolor de oídos, visión borrosa y molestias en los ojos cuando tienen ansiedad.

Temblores

Algunas personas tienen tanta tensión muscular acumulada (muchas veces debida al miedo experimentado durante su nacimiento) que cuando el cuerpo comienza a relajarse este empieza a temblar, a menudo de manera incontrolable. Este temblor suele ser general, en piernas, tronco, cabeza y a veces también en los brazos. Normalmente dura unos segundos, rara vez más de un minuto, y después pasa. Puede repetirse a intervalos durante días hasta que finalmente la tensión muscular es liberada. ¿Cómo puedes saber que este temblor no es una enfermedad física? Sencillamente porque cada vez que pasan los temblores te sientes más relajado que antes.

Diarrea

Es el efecto natural de una profunda relajación interior. Es uno de los síntomas más espectaculares del proceso y es relativamente frecuente, aunque normalmente la persona no se da cuenta de las verdaderas causas.

Frío o calor intensos

Son dos sensaciones muy habituales cuando las emociones reprimidas comienzan a aflorar. Este calor nos produce una sensación de intenso agobio. Recuerda lo que dijimos sobre la olla a presión. Cuando la ansiedad aparece es porque las emociones reprimidas están en ebullición dentro de nosotros. Esta tremenda presión de las emociones al empezar a liberarse a menudo crea sensación de quemazón dentro del cuerpo. Cuando las emociones reprimidas empiezan a aflorar a veces podemos llegar a sudar de calor. Este calor a menudo puede ir acompañado de picor en diferentes zonas del cuerpo.

El frío suele aparecer cuando la persona se siente muy vulnerable en la situación que está viviendo, puede ir acompañado de temblor. Suele ser un frío interior generalizado.

Hormigueo y calambres

El hormigueo puede aparecer cuando se liberan emociones intensas. Suele ir acompañado de alguna de las sensaciones anteriores. Cuando el cuerpo se relaja lo suficiente a veces comienza a circular energía con fuerza en lugares donde antes estaba atascada. La sensación de la energía circulando a través de los meridianos y canales que atraviesan el cuerpo se percibe como hormigueo o cosquilleo. Cuando el proceso de liberación es especialmente intenso la persona puede experimentar calambres además de hormigueo. Ambas son sensaciones inocuas y temporales que suelen pasar en unos minutos.

En general todas estas sensaciones suelen remitir en unos segundos o, como mucho, minutos. Y tienden a repetirse a intervalos durante los días en los que estamos experimentando cambios importantes hasta que finalmente nuestro cuerpo y nuestra mente se relajan por completo y empezamos a adaptarnos a la nueva situación. La sensación que puede ser más duradera y constante es la de calor agobiante o quemazón, pero igualmente se pasa a medida que el proceso de cambio se completa. Aunque molesta, es totalmente inocua.

Sin embargo, la mente puede utilizar estas sensaciones para protegerse aún con más fuerza y obligarnos a evitar las situaciones de cambio que nos están empujando a salir de nuestra zona de confort. A menudo se activa una reacción de alerta de tipo hipocondríaco y la mente interpreta las sensaciones físicas como síntomas de una enfermedad grave. Por ejemplo, infarto, cáncer o derrame cerebral. Puedes estar seguro de que nada de eso te está sucediendo. Por el contrario, tu cuerpo está reaccionando de forma saludable para recuperar su propio equilibrio, y después de que pasen las sensaciones te sentirás mucho mejor.

Hiperventilación

El síndrome de hiperventilación es un fenómeno en el cual la persona experimenta una respiración anormalmente profunda y rápida que no puede controlar. Esta respiración intensa suele ir acompañada de algunas de las sensaciones anteriormente descritas, como mareos, náuseas, frío, calor, temblores, hormigueo, picor, etcétera.

El síndrome de hiperventilación vinculado a la ansiedad o a cualquier causa emocional es una reacción natural y espontánea del cuerpo cuando la persona tiene intensas emociones reprimidas y la tensión interna que se encargaba de contenerlas es liberada repentinamente. Esto suele suceder cuando la persona recibe un fuerte impacto emocional o físico que sacude toda la estructura de contención emocional, por ejemplo, en un accidente de tráfico o al recibir una noticia muy impactante. Sin embargo, cuando la presión de las emociones reprimidas es muy fuerte, algunas personas pueden entrar en hiperventilación fácilmente y sin necesidad de un shock. Por ello el síndrome de hiperventilación es relativamente frecuente en las personas que viven un proceso de ansiedad.

Como veremos muy pronto, uno de los elementos encargados de mantener las emociones reprimidas es la respiración. Las personas que tienen muchas emociones reprimidas habitualmente tienen una respiración muy inhibida y limitada. Por este motivo, cuando la mente y el cuerpo reciben una fuerte sacudida que desestructura el sistema de contención emocional, la respiración se dispara y todo el material emocional reprimido empieza a liberarse de golpe. Como en los casos anteriores, son estas emociones reprimidas las que causan todas las sensaciones físicas extrañas y molestas al ser liberadas de forma repentina.

Así pues, el síndrome de hiperventilación puede ser molesto y asustarnos porque no lo podemos controlar, pero no es una enfermedad ni un fenómeno peligroso, sino un proceso de liberación emocional espontáneo. Habitualmente remite por sí mismo después de unos minutos cuando la presión interna causada por la energía reprimida empieza a bajar, por lo que es preferible no tratar de interrumpirlo. De hecho, es una forma natural y rápida en la que el cuerpo y la mente pueden empezar a liberar la ansiedad.

Asma

El asma debe ser considerado como una de las manifestaciones de una crisis de ansiedad, ya que el componente emocional es determinante en estos casos. Las personas que sufren este tipo de ataques casi siempre han tenido partos difíciles con una separación prolongada de la madre. Este miedo inconsciente al abandono puede expresarse desde la infancia como crisis de asma cada vez que la persona se enfrenta con una situación que activa esta memoria de separación. La forma más eficaz de tratar esta situación es tomando sesiones de Renacimiento para liberar las memorias de separación de la madre.

Fénomenos de conciencia inusuales

Hay otro efecto importante que debemos tener en cuenta cuando la falsa autoimagen se rompe debido a un cambio importante en nuestra vida.

Es posible que la persona perciba o comprenda cosas de una manera que normalmente no percibiría o entendería. La falsa autoimagen mantiene separado el consciente del subconsciente y del supraconsciente. Cuando la falsa autoimagen se fractura en algún punto, la mente consciente deja de estar separada de las otras áreas de la mente. Por eso, durante un episodio de ansiedad algunas personas entran en contacto de manera espontánea con estas áreas normalmente inaccesibles. Cuando esto sucede a veces ven luces o formas geométricas, o ven el aura o la energía de otras personas, o conectan de alguna otra manera con el conocimiento que guardan en el subconsciente.

Estas situaciones también son temporales y habituales. De hecho, muchas personas tienen facilidad para conectar con estas áreas de su consciencia de manera habitual, sin necesidad de estar viviendo un cambio importante en sus vidas. Y absolutamente todas las personas lo hacen cada vez que se van a dormir y tienen sueños.

Como hemos visto, la ansiedad puede utilizar estas percepciones para hacerte creer que estás perdiendo la razón. Sin embargo, la verdadera locura (aunque sea una reacción frecuente y comprensible) es aferrarse desesperadamente a la falsa imagen de uno mismo, cuando la vida está tratando de llevarte más allá de ella para que puedas desarrollarte plenamente.

Para que puedas ayudar a tu cuerpo y a tu mente a relajarse en las etapas de cambios importantes te propongo estos dos ejercicios:

Ejercicio 10

Masaje relajante

Toma un masaje con alguien con quien te sientas cómodo. Continúa tomando masajes mientras duren las sensaciones físicas. El masaje te ayudará a soltar la tensión física y a liberar emociones reprimidas. Está perfectamente bien llorar si te dan ganas. También está muy bien simplemente relajarse y disfrutar.

Ejercicio 11

Baño relajante

Toma baños en agua caliente (a 37 grados aproximadamente). El baño en agua caliente, al relajar la musculatura, tiene el mismo efecto que un masaje, y lo puedes hacer tranquilamente en casa.

Con este ejercicio también es posible que experimentes alguna de las "extrañas sensaciones" o que conectes con emociones que no sabías que estaban ahí. Si las sensaciones se hacen intensas o desagradables puedes salir del agua y continuar en otro momento.

Puedes hacer el baño durante veinte minutos o media hora al día hasta que ya no tengas sensaciones físicas o ansiedad. Si te sientes a gusto en el agua y no tienes sensaciones molestas puedes alargar el ejercicio tanto como te resulte agradable.

Si estás tomando medicación para la ansiedad o estás en una fase aguda del proceso deberás ser prudente con este ejercicio y es recomendable que esperes a terminar la medicación o a que bajen los síntomas antes de comenzar esta práctica.

6

RESPIRA

Ahora que sabemos dónde y por qué se origina la ansiedad, te revelaré una valiosa información que puede transformar tu vida ahora mismo y seguir ayudándote durante muchos años en tu camino de crecimiento:

La mente y la respiración están indisolublemente unidas. A través de la respiración puedes tener el control de tu mente y sus procesos.

De hecho, la respiración es importante para muchas cosas, además de ser indispensable para desarrollar equilibrio mental y emocional. La respiración es nuestra forma esencial de comunicación con la vida. Es un mecanismo complejo que regula las funciones biológicas de nuestro cuerpo, las funciones de nuestra mente y nuestras emociones, las funciones vitales como la nutrición, la sexualidad y el sueño, y habilidades esenciales como el habla.

Aprender a respirar, además de permitirte controlar la ansiedad, te va a traer muchos beneficios en otros aspectos de tu vida.

¿Cómo aprendemos a limitar nuestra respiración?

Pero antes de que entremos en materia me gustaría hablarte sobre por qué respiramos mal y qué quiere decir "aprender a respirar".

Si alguna vez has visto la respiración de un bebé seguramente te habrá llamado la atención la diferencia tan grande que existe en comparación con la de un adulto. La respiración de un bebé tiende a ser muy profunda y relajada, a plena capacidad, especialmente amplia en la zona del abdomen. Mientras que la respiración de un adulto tiende a ser mucho más reducida, a menudo casi imperceptible o bien ruidosa y con esfuerzo. Si observas con atención verás que existen muchas diferencias grandes y otras más sutiles entre la respiración de un bebé recién nacido y la de un adulto. No solamente es el caso que los bebés respiran muchísimo mejor que los adultos, lo cierto es que son las únicas personas que verdaderamente saben respirar. Los bebés respiran mucho mejor que los profesores de yoga y que los terapeutas de respiración. Así pues, parece que nacemos sabiendo respirar y a lo largo de nuestra vida se nos va olvidando.

En Renacimiento decimos que *vivimos como respiramos*. Nuestra habilidad para relacionarnos con la vida depende directamente de nuestra habilidad para respirar adecuadamente. Entonces ¿por qué respiramos mal?

Piensa en lo que sucede cuando te das un golpe fuerte en alguna parte sensible: todo el cuerpo se tensa y la respiración se bloquea hasta que se pasa el dolor. Algo muy parecido sucede cuando recibimos un impacto emocional. Reduciendo nuestra respiración conseguimos reducir nuestro dolor emocional, la tristeza, el miedo, la rabia y cualquier emoción dolorosa. Esto es algo instintivo que aprendemos a hacer desde el momento de nacer. A medida que experimentamos situaciones de dolor emocional vamos aprendiendo a inhibir nuestra respiración y así se van creando patrones disfuncionales que limitan la respiración. *Reducir nuestra respiración funciona como un mecanismo inconsciente de defensa ante las emociones que no queremos sentir.*

A medida que vamos creciendo esta deformación de nuestra respiración natural tiende a convertirse en un hábito que ejecutamos cada vez que aparece una emoción desagradable. Después de repetirlo muchas veces finalmente se convierte en un mecanismo automático que limita permanentemente nuestra respiración en la edad adulta.

La zona de confort de la respiración

Como vimos en el capítulo tercero, la necesidad de nuestra mente de crear zonas de confort es un fenómeno que se puede apreciar en todos los aspectos de la vida, incluida nuestra propia respiración. Precisamente lo que hacemos al reducir y limitar nuestra respiración para evitar ciertas sensaciones o emociones es crear una zona de confort respiratoria dentro de la cual nos sentimos seguros. Así, reduciendo nuestra respiración, podemos estar seguros de que no sentiremos ciertas emociones y sensaciones desagradables.

Pero reducir nuestra respiración no solamente inhibe las emociones que no queremos expresar, por desgracia también reduce nuestra vitalidad en general y nuestra capacidad para comprender y pensar de una forma positiva y creativa para nuestra vida.

De hecho, los límites de nuestra respiración coinciden de manera precisa con los límites de nuestra mente: *una respiración expandida expande nuestra mente, mientras que una respiración reducida limita la capacidad de nuestra mente para comprender la realidad.*

Nuestra respiración reducida depende de nuestra autoimagen y cumple una función análoga. Por ejemplo, una persona insegura o con baja autoestima suele tener una respiración superficial y débil. La autoimagen delimita en nuestra mente lo que está bien y lo que no está bien para nosotros pensar. La respiración deformada cumple justamente la función de delimitar lo que está bien sentir. Así, la zona de confort delimitada por nuestra respiración reducida coincide con nuestra zona de confort mental, con nuestro consciente. De este modo, nuestra respiración reducida automática pasa formar parte de los mecanismos de defensa de nuestra personalidad y es uno de los elementos que le da más fuerza al sistema de protección contra el dolor emocional.

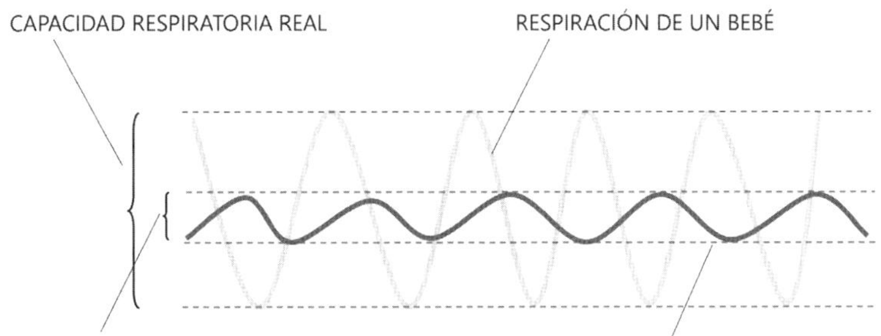

Por todo esto podemos decir que aprender a respirar significa en muchos sentidos, más que desarrollar una técnica respiratoria particular, liberar nuestra respiración de los malos hábitos adquiridos. En el proceso de desaprender estos malos hábitos de respiración también vamos ampliando los límites de nuestra mente al mismo tiempo que relajamos la tensión corporal, lo cual nos ayuda a liberar las emociones reprimidas que almacenamos desde que somos muy pequeños.

Lo cierto es que nuestra respiración refleja tan fielmente todo lo que hemos vivido, cómo nos sentimos y cómo pensamos, que trabajando sobre estos patrones de respiración disfuncionales podemos generar enormes cambios en nuestra vida. Este es el trabajo que hacemos en Renacimiento a nivel terapéutico a través de sesiones individuales de respiración. Y te recomiendo especialmente que lo hagas si tienes la posibilidad. Hablaremos de ello un poco más adelante. Lo que veremos a continuación son cosas que puedes y debes empezar a hacer para respirar mejor y calmar la ansiedad por ti mismo.

Respiración, pensamiento, cuerpo y emociones

El siguiente esquema te ayudará a entender mejor el papel de la respiración en tu estado anímico y de conciencia:

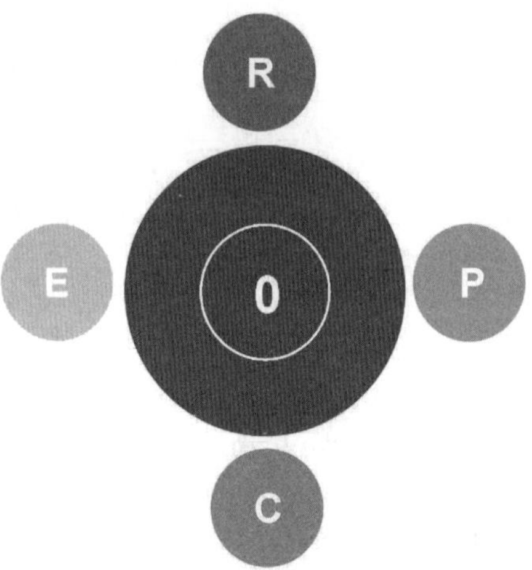

0 representa tu centro de conciencia. Es el espacio que llamamos a menudo simplemente "centro", nuestro estado ideal de equilibrio físico, mental y emocional. En Renacimiento lo llamamos espacio entre los pensamientos porque en este lugar la actividad pensante prácticamente se reduce a cero. Este es el espacio que a menudo buscamos a través de la meditación o de otras prácticas. Otras veces también lo buscamos inconscientemente mediante experiencias intensas, uso de drogas, o relaciones amorosas. A través de este estado de conciencia se expresa libremente dentro de nosotros nuestra identidad natural, lo que en esencia somos, nuestra naturaleza divina.

Cuando nuestra conciencia está anclada en su centro experimentamos nuestra vida diaria con naturalidad, facilidad y disfrute. La cualidad principal de este centro de conciencia es la paz, la cual se expresa en la mente con pensamientos muy suaves o inexistentes y en el nivel emocional como paz y alegría. Desde este estado podemos actuar reduciendo al mínimo nuestro gasto de energía, nuestros conflictos con el entorno, y optimizando los resultados de nuestras acciones. Es el estado de conciencia que idealmente deberíamos siempre buscar.

Cuando estamos desconectados de 0 nuestra conciencia tiende a dirigirse hacia el mundo exterior intentando controlar todo lo que sucede a nuestro alrededor. Nuestras acciones con frecuencia producen resultados indeseados, nuestras emociones y nuestros pensamientos están agitados y fácilmente entramos en conflicto con nuestro entorno, agotamos nuestra energía y desgastamos nuestro organismo.

Los elementos que están alrededor de 0 representan:

R: respiración

P: pensamientos.

C: organismo físico.

E: emociones.

Todos estos elementos forman parte de un mismo sistema e influyen unos sobre otros de manera recíproca. Cuanto más anclada está la conciencia en su centro, más suave y armoniosamente funciona todo el sistema.

De todos los elementos que están alrededor de 0, la respiración es el más fácil de manejar a voluntad. Así pues, si sabemos utilizar nuestra respiración, podremos tener también control sobre nuestro estado de conciencia, sobre nuestros pensamientos, nuestras emociones y hasta cierto punto también sobre nuestro cuerpo.

Dentro de este sistema la respiración funciona como un mando de control que tiene dos modos: automático y consciente. Cuando está en automático, la respiración actúa bajo la influencia de todos los malos hábitos respiratorios adquiridos y los mecanismos inconscientes de defensa de la mente.

Respiración en modo automático

En modo automático nuestra respiración tiende a ser superficial, rápida, brusca y con ritmo irregular.

Esta respiración hace que se produzcan muchos pensamientos, lo cual provoca que la actividad emocional tienda a hacerse intensa. En el cuerpo se activa el sistema nervioso simpático, y esto, como vimos, crea tensión muscular y aumento del ritmo cardiaco y de la presión sanguínea. Este es básicamente el sistema en modo alerta para situaciones de peligro con el cual hemos programado nuestro subconsciente debido a todas las experiencias traumáticas que acarreamos desde la infancia.

Nuestro estado de conciencia ha quedado sintonizado por defecto en modo supervivencia. Este es el modo en el que funciona habitualmente en la mayoría de las personas, aunque no estén pasando por un proceso de ansiedad. A fin de cuentas, es el único modelo que hemos aprendido.

En este estado nuestra atención se dispersa desde el centro de conciencia hacia el exterior. Nuestra mente busca respuestas afuera y todo el sistema pierde energía.

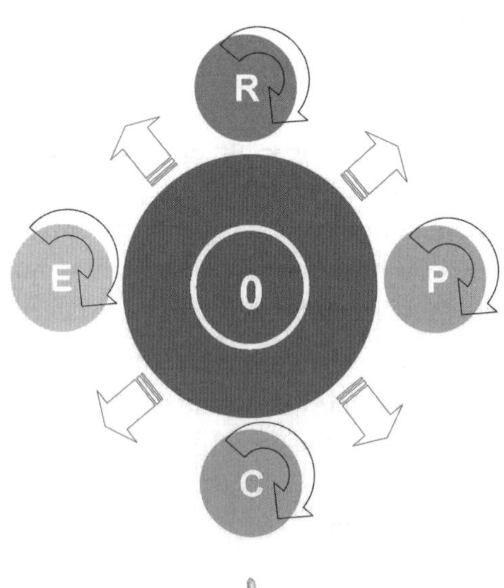

Respiración en modo consciente

Para activar voluntariamente el modo consciente de la respiración debemos hacer que sea profunda, lenta, suave y regular.

De esta manera nuestra respiración hace que disminuyan nuestros pensamientos o incluso que desaparezcan. Esto a su vez hace que las emociones sean cada vez más suaves, y que en nuestro organismo se active el sistema nervioso parasimpático, bajando nuestras pulsaciones, relajando nuestros músculos y devolviendo al organismo a su estado natural de relajación. De esta forma conseguimos anclar nuestro estado de conciencia en su centro. Podemos volver a tener claridad y actuar de manera eficaz sin estrés ni desgaste innecesario. Este es el estado natural de nuestra conciencia, del cual habitualmente nos encontramos desconectados por la inercia de los automatismos inconscientes del modo de supervivencia. Siempre podemos regresar a él, y cuanto más lo practiquemos más fácil nos resultará hacerlo.

Debemos detener el impulso de nuestros hábitos inconscientes con la fuerza de nuestros hábitos conscientes. A medida que cultivamos este estado de equilibrio, la paz y la relajación también adquieren impulso en nuestra vida, y finalmente se convierten también en hábitos automáticos.

Al activar el modo consciente de la respiración nuestra atención tiende a regresar al centro de conciencia, todo empieza a funcionar de manera suave y equilibrada y el sistema comienza a recuperar la energía dispersa.

También es posible modular este sistema a través de los otros elementos (trabajando con el pensamiento, con las emociones o con el cuerpo) y existen muchas técnicas dirigidas a ello. Si te fijas, la mayoría de los ejercicios que presentamos en este libro se refieren a alguno de estos cuatro elementos del sistema. Estamos presentando aquellos que pueden resultar más útiles en esta etapa de tu camino. Sin embargo, la respiración es el más rápido, el más eficaz y el más fácil de manejar.

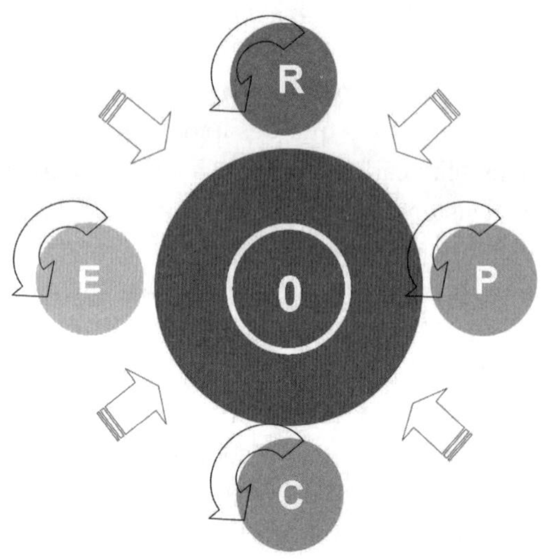

Aprendiendo a respirar

Ahora que sabemos todas estas cosas podemos empezar a practicar...

Ejercicio 12

Simplemente observar

La técnica básica, en la cual, por cierto, se fundamentan muchos métodos de meditación, consiste en simplemente observar de forma tranquila el movimiento de la inspiración y la exhalación.

Siéntate (mejor que tumbarte, por si te da sueño), cierra los ojos y solamente sigue el movimiento de tu respiración, tal cual es en este momento. No trates de "respirar bien" ni de corregir nada de lo que esté sucediendo. Simplemente deja que tu atención repose sobre el suave vaivén de la respiración. No te preocupes por que haya pensamientos en tu mente o sensaciones en tu cuerpo, simplemente respira y observa durante dos a cinco minutos o más si estás a gusto. Si notas molestias respira más suave o simplemente descansa hasta otro momento.

Este ejercicio, además de calmar la mente muy rápido, te entrena para los ejercicios un poco más complejos que veremos a continuación.

Ejercicio 13

Respiración rítmica

Ahora que tienes un poco de práctica observando tu respiración te propongo este sencillo ejercicio. Preferiblemente sentado con la espalda recta y los ojos cerrados:

- Inspira suavemente durante 8 segundos o latidos de tu corazón.
- Retén la inspiración durante 4 segundos o latidos de tu corazón.
- Exhala suavemente durante 8 segundos o latidos de tu corazón.
- Retén la exhalación durante 4 segundos o latidos de tu corazón.

Practica el ejercicio respirando suavemente por la nariz durante siete ciclos. A medida que te sientas cómodo con él puedes ir añadiendo un ciclo cada vez hasta completar 21 ciclos.

El poder de este ejercicio reside en que hace la respiración lenta, suave, profunda y rítmica de manera consciente.

Ejercicio 14

Respiración abdominal

Para hacer este ejercicio te recomiendo que te tumbes sobre una manta o una colchoneta. Utiliza una toalla doblada para apoyar la cabeza. Intenta mantener las rodillas flexionadas y separadas a la distancia de las caderas y las plantas de los pies en contacto con la colchoneta. Esta posición permite que tu columna esté correctamente alineada y tu cuerpo relajado. Si lo deseas puedes cubrirte con una manta. Si durante el ejercicio sientes sueño es preferible que mantengas los ojos abiertos o incluso que hagas la práctica sentado sobre la colchoneta o sobre una silla.

Deja partir cualquier tensión que observes en el área del abdomen, la parte baja de la espalda, el perineo, en las caderas o en los muslos. Pon tus manos sobre tu abdomen a la altura del ombligo y comienza inspirando y exhalando suave y profundamente poniendo toda tu atención en el ombligo y en cómo este eleva tus manos en la inspiración. Intenta elevarlas un poco más en cada inspiración hasta que alcances el punto más alto. Evita empujar el abdomen hacia adentro en la exhalación. Con la práctica podrás elevar cada vez un poco más el abdomen. Cuanto más relajada esté la parte inferior de tu cuerpo, desde la cintura hasta los pies, más podrás llenar en tu inspiración.

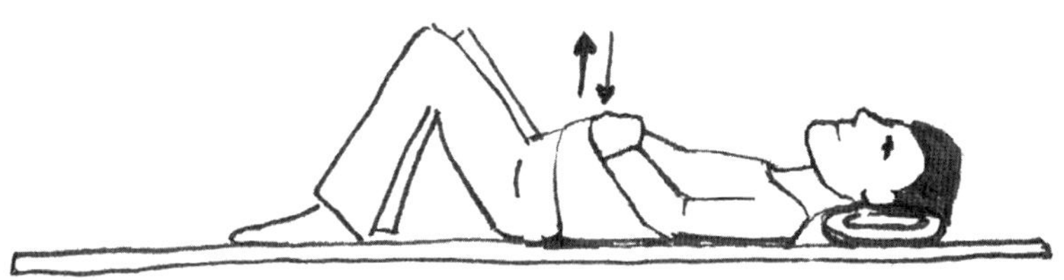

Intenta hacer la transición entre inhalación y exhalación lo más suave posible. Trata de conectar ambos movimientos de manera fluida y evita retener el aire al final de la inspiración y comenzar la exhalación con un golpe seco. Puedes hacer la respiración un poco más larga o corta según tu capacidad pulmonar, pero no corras ni te esfuerces en hacerlo demasiado despacio. Busca un ritmo que te permita llenar y vaciar y al mismo tiempo sentirte relajado.

Si notas que tu respiración hace ruido en la glotis eso significa que estás acumulando tensión inconsciente en el cuello, debido a lo cual es posible que incluso tengas problemas de garganta. En tal caso debes asegurarte de que la cabeza está bien apoyada, ni demasiado alta ni demasiado baja. Para suavizar la tensión del cuello prueba a respirar por las fosas nasales, pero con la boca entreabierta, mientras enfocas toda tu atención en la punta de la nariz. Idealmente tu inspiración debería ser casi inaudible y tu exhalación debería sonar parecido a una rueda de bicicleta que se desinfla.

Respira de cinco a diez minutos. Practica este ejercicio durante una semana o hasta que puedas hacerlo sin ninguna dificultad.

Una vez que domines la técnica también puedes hacer el ejercicio de respiración rítmica con la respiración abdominal.

Ejercicio 15

Respiración torácica

Se trata del mismo ejercicio, siguiendo las mismas indicaciones, pero poniendo tus manos sobre el pecho justo debajo de las clavículas en lugar de sobre el abdomen. A veces este ejercicio puede ser más fácil de hacer sentado, puesto que cuando estamos tumbados se tiende a crear tensión en el cuello y en los hombros debido a la posición de las manos. Cuanto más relajados estén tu espalda, tus hombros y tu cuello, más podrás llenar el pecho en cada inspiración. Intenta que tu pecho levante tu mano un poco más en cada inspiración hasta que alcances el punto más alto (sin llegar a crear tensión en el cuello y los hombros).

Es posible que notes alguna molestia o sensación física, como presión o pesadez en el tórax. Esto es algo muy habitual. Ten en cuenta que la mayoría de las personas hemos aprendido a reducir considerablemente la amplitud de nuestra inspiración y ahora estamos usando una parte que casi nunca empleamos.

En todo caso, si notas molestias, ve poco a poco. A medida que practiques este ejercicio las sensaciones irán desapareciendo y te resultará más sencillo llevar tu inspiración hasta el pecho.

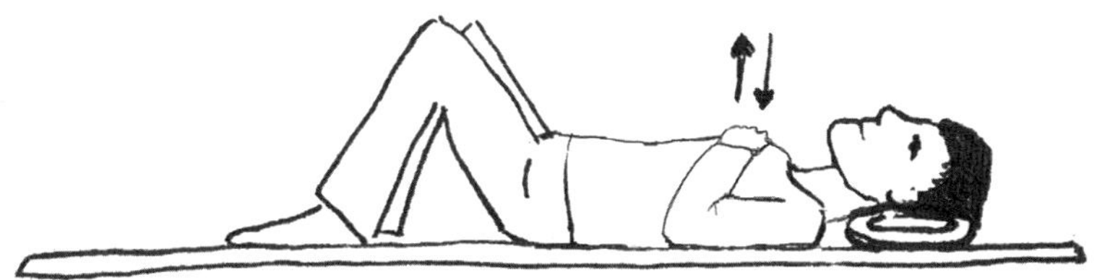

Observa que tu respiración sea suave, lenta y regular, puedes tomar todo el tiempo que necesites en cada inspiración. Cuanto más despacio y suave mejor.

Practica este ejercicio entre cinco y diez minutos al día durante una semana o hasta que puedas hacerlo sin dificultad.

Si estás tomando medicación o estás en una fase aguda del proceso debes ir despacito con este ejercicio. Puedes probar para ver cómo te va, pero si sientes ansiedad al practicarlo déjalo y vuelve con la respiración abdominal. A medida que avance tu proceso podrás ir incorporando la respiración torácica y la respiración completa a tu práctica respiratoria.

Ejercicio 16

Respiración completa

Una vez seas capaz de hacer con facilidad la respiración abdominal y la respiración torácica puedes empezar a practicar el siguiente ejercicio:

En la misma posición y siguiendo las mismas pautas para tu respiración, mantén una mano apoyada sobre el ombligo y la otra debajo de tus clavículas e intenta levantar al mismo tiempo abdomen y pecho.

De nuevo, toma todo el tiempo que necesites para inspirar y asegúrate de que tu respiración suene en la nariz y no en la garganta.

Para conseguir una inspiración muy suave puedes visualizar que inhalas el perfume agradable de una flor.

Comprueba también que tu cuerpo está relajado y no hay tensiones, especialmente en el abdomen y en el perineo.

Practica esta respiración de cinco a diez minutos cada día durante una semana o hasta que puedas hacerla sin problemas.

La respiración completa es la respiración óptima, pero es importante que practiques las anteriores primero y vayas paso a paso.

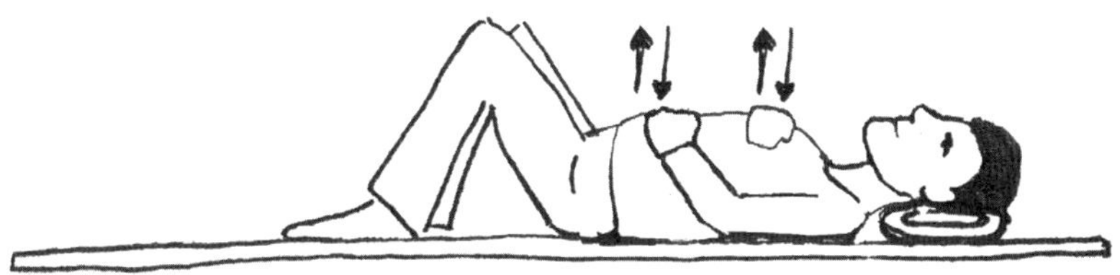

No te obsesiones con los resultados, simplemente practica un poco cada día, y siempre que te acuerdes intenta hacerlo también en tu vida cotidiana. Una vez la domines también puedes practicarla con la cuenta de la respiración rítmica.

Aquí haremos la misma observación que en el ejercicio anterior, si estás tomando medicación prueba y observa cómo te sientes. Si te viene ansiedad o molestia déjalo y practica solamente la respiración abdominal por un tiempo o hasta que no necesites medicación.

Ejercicio 17

Veinte respiraciones conectadas

Este es un ejercicio muy eficaz para movilizar rápidamente una emoción bloqueada. Como hemos visto, experimentar ansiedad es una clara señal de que tenemos emociones bloqueadas que están tratando de salir a la superficie para hacerse conscientes. Si tu nivel de ansiedad es suave o moderado esta técnica puede producir resultados sorprendentemente rápidos. Si, por el contrario, estás en una fase aguda del proceso o estás tomando medicación para la ansiedad este ejercicio puede resultar demasiado intenso, en ese caso deberías esperar a que baje el nivel de ansiedad y a terminar el tratamiento con medicación.

Lo llamamos las veinte respiraciones conectadas. Respiración conectada quiere decir que no hacemos pausa entre la inhalación y la exhalación, sino que unimos ambas fases de la respiración de una forma suave, lo que produce la sensación de una respiración circular. Se trata de cuatro ciclos de cinco respiraciones: cuatro respiraciones un poco más profundas y rápidas de lo normal y una quinta respiración lenta empleando toda la capacidad pulmonar. Después de la respiración profunda comenzamos inmediatamente el siguiente ciclo, y así hasta completar veinte respiraciones.

La inspiración se debe hacer relajadamente, pero con impulso suficiente para llenar de aire la parte superior de los pulmones. Esto último es necesario ya que la mayoría de las emociones se bloquean a la altura del plexo solar o del corazón. Sin embargo, la inspiración no debe producir tensión muscular en el cuello ni hacer mucho ruido. La exhalación debe ser lo más libre posible. Puedes imaginar que tu exhalación es como un grifo que se abre y deja salir fácilmente el agua. El aire sale del cuerpo libremente sin ser retenido ni empujado. La serie completa dura aproximadamente unos cuarenta y cinco segundos. Más de un minuto es demasiado lento y menos de medio minuto demasiado rápido.

Al terminar la serie es probable que notes sensaciones físicas como las descritas en el capítulo anterior y, si tenías ansiedad al empezar el ejercicio, probablemente podrás sentir la emoción que estaba bloqueada. Toma el tiempo que necesites para observar y estar presente con la emoción y las sensaciones que experimentes hasta que se vayan suavizando.

Practicar este ejercicio es una forma muy simple y rápida de relajar la mente, y es útil para cualquier persona, tenga o no ansiedad. Sin embargo, se trata de un ejercicio poderoso, por lo que debemos limitar su práctica a un máximo de dos series al día si estamos viviendo un proceso de ansiedad, o tres series si no tenemos ese problema. Recuerda también que el objetivo de este ejercicio no es solamente calmar el sistema nervioso sino liberar tensiones y emociones reprimidas, por lo que esta respiración debe practicarse de forma más rápida e intensa que el resto de ejercicios. Como siempre, si notas molestias o te sientes incómodo al hacerlo, descansa o deja de practicarlo por un tiempo si es necesario.

Ejercicio 18

Respiración silenciosa

Se trata de una técnica muy poderosa que te ayudará a entrar en un profundo estado de relajación muy rápidamente. Los practicantes de Renacimiento hacemos este ejercicio cuando queremos meditar y también cuando necesitamos desbloquear las fosas nasales. Probablemente esta sea la técnica más poderosa que vas a encontrar en este libro, y una de las más simples. Cualquier persona puede obtener numerosos beneficios de esta práctica y todo el mundo debería conocerla.

Como verás, se necesita concentración para hacer correctamente este ejercicio, y puede resultar bastante más difícil concentrarse cuando estás en medio de una crisis. Por ello, si estás sufriendo un ataque de ansiedad puede resultarte más eficaz comenzar con la respiración abdominal, continuar durante unos minutos en la respiración completa y terminar tu ejercicio con la respiración silenciosa.

Puedes practicar este ejercicio sentado o tumbado. Cierra los ojos y respira tan suavemente como te sea posible a través de las fosas nasales. La respiración debe llegar a ser tan suave que no puedas oírla. No es necesario que trates de expandir tu respiración o forzarla de ninguna manera. De hecho, es preferible que inhales un poco menos de aire de lo habitual.

Enfoca toda tu atención en el interior de tus fosas nasales. Siente el frescor del aire al entrar y su calidez al salir. Aparta cualquier otra cosa de tu mente. Continua durante cinco minutos o más tiempo si te apetece.

Este ejercicio, además de calmar rápidamente el sistema nervioso y llevarte a tu centro de conciencia, te ayuda a desarrollar tu sensibilidad natural por la energía y te permite profundizar cada vez más en tu meditación. Puedes practicarlo en cualquier momento.

Ejercicio 19

Respiración alterna

La respiración alterna es una modalidad de pranayama que promueve el equilibrio del cuerpo y de la mente armonizando el flujo de energía a través de los canales de energía *ida* y *pingala*. Como veremos en seguida, estos dos canales están encargados de regular la actividad de los dos hemisferios cerebrales así como de los sistemas nerviosos simpático y parasimpático.

Este pranayama es también conocido como *anuloma viloma* y tiene diferentes versiones que alternan la respiración por cada una de las fosas nasales. Veamos la forma más común de practicar el ejercicio:

Para aislar la respiración en cada fosa utilizamos los dedos corazón y anular para tapar la fosa izquierda y el pulgar para la fosa derecha (si estás usando la mano derecha, si eres zurdo sería al revés). Comienza taponando la fosa derecha e inhalando por la izquierda, libera la derecha y tapa la izquierda para exhalar, desde esa posición inhala por la fosa derecha, finalmente vuelve a tapar la fosa derecha y libera la izquierda para exhalar. Este ciclo completaría una vuelta.

Es normal que sientas que una fosa nasal está más cerrada que la otra, no fuerces la respiración, se suave o espera a que la nariz esté suficientemente despejada. Practica preferentemente sentado con la espalda recta. Este es un ejercicio bastante potente, no es recomendable hacer más diez vueltas al día.

Coherencia cardiaca

La coherencia cardiaca también es útil para trabajar la ansiedad. Se trata de una modalidad de respiración consciente que consiste en armonizar la respiración con la frecuencia cardiaca. Sería bastante difícil explicar por escrito cómo hacer este tipo de ejercicios puesto que la forma de respirar en este caso varía de unas personas a otras. Para practicar esta modalidad de respiración te recomiendo utilizar cualquiera de las muchas aplicaciones que existen y que puedes descargar y utilizar directamente desde tu móvil. Pero antes de que pruebes este tipo de ejercicios es importante que conozcas y practiques las respiraciones descritas anteriormente.

Observaciones sobre la práctica respiratoria

Respira por la nariz

El órgano diseñado biológicamente para la respiración es la nariz. La respiración bucal es un mecanismo de emergencia para cuando necesitamos un aporte extra de oxígeno, pero no es para usar habitualmente.

Una de las desviaciones de la respiración más frecuentes es precisamente la respiración bucal. Este hábito respiratorio está relacionado con un patrón mental de escasez, de manera que al respirar por la boca estamos activando este patrón, el cual a su vez refuerza el mecanismo de la ansiedad.

Cuando respiramos por la nariz, sin embargo, todo nuestro sistema nervioso tiende a equilibrarse. Esto es debido a dos canales de energía muy importantes que pasan a través de las fosas nasales. Los yoguis descubrieron este circuito y llamaron ida y pingala a los canales de energía que pasan por las fosas. Ida y pingala regulan el equilibrio de todas las funciones del cuerpo y de la mente, especialmente las funciones de los sistemas nervioso y endocrino.

Así pues, intenta inspirar y exhalar siempre por la nariz, tanto en tu práctica como en tu vida diaria, y deja la boca para situaciones de esfuerzo intenso. Si notas que la nariz se obstruye, o que te molesta el aire al pasar, practica la respiración silenciosa durante unos minutos y notarás que las fosas nasales se empiezan a despejar.

Es posible que al practicar los ejercicios notes sueño

Esto es habitual, cuando empezamos a relajarnos el esfuerzo acumulado hace que aparezca el cansancio y las ganas de dormir. Intenta continuar al menos cinco minutos, para ello puedes mantener los ojos abiertos o, si es necesario, respira sentado.

Otra vez las extrañas sensaciones

También es posible que durante tu práctica notes alguna sensación física poco habitual como las descritas en el capítulo sexto, (hormigueo, calor, frío, dolor de cabeza o dolores punzantes en alguna parte de tu cuerpo). Incluso puede que conectes con alguna emoción reprimida. Si esto sucede quiere decir que estás haciendo el ejercicio correctamente. Recuerda que al ampliar los límites de tu respiración estás saliendo de tu zona de confort y estás ampliando el rango de emociones y sensaciones que puedes sentir. Intenta mantener tu respiración siempre lenta, profunda y suave. Si las sensaciones se hacen molestas respira muy suave a tu capacidad normal y poco a poco irán remitiendo.

Respiración abdominal

La respiración abdominal te ayuda a enraizarte y a estar conectado con tu cuerpo. Y es una respiración que por sí sola puede equilibrar la mente y las emociones rápidamente. Es muy importante que aprendas esta técnica en primer lugar para poder hacer la respiración completa.

Respiración torácica

La respiración torácica te ayuda a conectar con las emociones, pero es importante que esté equilibrada con tu respiración abdominal, por eso practicamos la respiración completa. Si en tu día a día notas que tu respiración está bloqueada en el abdomen y observas que tiende más hacia el pecho, es preferible que te enfoques en la respiración abdominal y no te preocupes por la respiración torácica hasta que puedas respirar abajo sin problemas.

Para algunas personas con mucha tensión acumulada puede resultar realmente costoso llevar el aire hasta la parte alta de los pulmones. Si este es tu caso ten paciencia y tómate el tiempo que necesites con este ejercicio, si perseveras notarás que esta dificultad cada vez se va haciendo más suave.

Relájate y disfruta

Cuando practiques intenta disfrutar de tu respiración y no te preocupes demasiado por "hacerlo bien". El resto del tiempo simplemente obsérvala tan a menudo como te sea posible. Tu práctica diaria hará que puedas ir integrando poco a poco estas pautas correctas de respiración. Recuerda que las únicas personas que saben respirar son los bebés, los demás estamos todos aprendiendo.

Intenta ser regular en tu práctica y seguir los ejercicios en el orden descrito. Existen muchos otros ejercicios de respiración y pranayamas con diferentes objetivos y aplicaciones. No te obsesiones con aprender muchas técnicas. Eso no es necesario y, como hemos explicado, no todas las técnicas son adecuadas para los procesos de ansiedad. Lo más importante es aprender a respirar suave y profundamente, de forma regular y relajada.

Para este apartado he seleccionado las técnicas y los conceptos más útiles para trabajar específicamente la ansiedad. Estos ejercicios son suficientes para controlarla y mejorar el equilibrio mental. Para corregir los patrones respiratorios y transformar nuestra respiración definitivamente, como vamos a ver a continuación, es necesario hacer un trabajo especial mediante sesiones individuales de Renacimiento.

Sesiones individuales de Rebirthing Breathwork

Los ejercicios que te he propuesto son básicos y muy eficaces si los practicas con atención. Mejorarán tu calidad de vida enormemente en muchos aspectos. Es algo que todo el mundo debería aprender, también las personas que no sufren de ansiedad.

Si no necesitas tomar medicación para la ansiedad ni estás tomando otro tipo de medicación psiquiátrica, me gustaría explicarte un poco más en detalle el trabajo que hacemos los renacedores y cómo funciona el Rebirthing Breathwork, por si tienes la posibilidad de tomar sesiones de respiración con un renacedor profesional certificado. Como comentamos en la introducción, si estás haciendo un tratamiento con medicación quiere decir que todavía necesitas algo de tiempo antes de poder trabajar directamente con tus emociones bloqueadas. Por tanto, deberás completar el tratamiento o esperar a haber terminado con la medicación antes de poder empezar a tomar sesiones de Renacimiento, ya que en estas sesiones precisamente lo que hacemos es liberar esos bloqueos para poder trabajar directamente con las emociones que están causando un desequilibrio.

El Rebirthing Breathwork o Renacimiento ha sido desarrollado desde los años sesenta hasta la actualidad como una metodología de sanación y desarrollo personal que permite acceder a través de la respiración a las memorias traumáticas de la infancia, el nacimiento y la etapa prenatal. Desde que fue descubierta, la técnica de respiración empleada ha ido siendo perfeccionada para producir resultados más rápidos y un proceso de liberación más suave y agradable.

Al principio las sesiones de respiración se hacían en agua caliente, pues el agua a temperatura corporal facilita la activación de las memorias del nacimiento y la gestación. Pocos años después se comenzó a experimentar con la respiración en seco, lo cual permitió mejorar considerablemente la técnica y los resultados del trabajo. En la actualidad las diez primeras sesiones de Rebirthing se realizan siempre en seco y respirando por la nariz. Son sesiones individuales en las cuales el renacedor puede detectar todos los patrones disfuncionales de la respiración de la persona e ir corrigiéndolos progresivamente para liberar las memorias traumáticas de la infancia, el nacimiento y la gestación de una manera suave y eficaz. A esta técnica de respiración la llamamos *respiración consciente conectada* porque se basa en una forma de respiración relajada que no hace pausas entre la inspiración y la exhalación.

En una sesión individual de Rebirthing trabajamos expandiendo gradualmente los límites de nuestra respiración. Esto permite que las emociones reprimidas y las memorias traumáticas inconscientes puedan aflorar y liberarse a través de la respiración. Puesto que la ansiedad es el efecto de una acumulación de emociones reprimidas durante largo tiempo, a medida que las emociones y las memorias traumáticas son liberadas con la respiración, la tensión psicológica que experimentamos como ansiedad desaparece también. Lo cierto es que no solamente desaparece la ansiedad, sino que muchos otros desequilibrios físicos, mentales y emocionales son corregidos a menudo en sólo unas sesiones.

El poder liberar suavemente las emociones reprimidas y las memorias traumáticas, además eliminar la ansiedad, te permite conectarte con la parte más profunda de tu ser (tu mente supraconsciente) y experimentar una paz más profunda y duradera cada vez.

Es importante que emprendas este trabajo con un renacedor certificado con el que tengas una buena sintonía, tomando sesiones individuales de respiración por la nariz de al menos una hora y media de duración. Diferentes escuelas de Rebirthing que surgieron durante los primeros años emplean la respiración de manera distinta (respiración por la boca, respiración solamente en agua, respiración con música y movimiento, respiración en grupo y otras variantes). De nuevo, en este libro hablamos específicamente del método de respiración consciente conectada tal como fue desarrollado y enseñado por Leonard Orr. Si quieres hacer un proceso completo mediante sesiones de Rebirthing solamente puedo recomendarte trabajar con terapeutas que se hayan formado directamente con Leonard Orr, pues es la única garantía de que sigan exactamente la metodología que él desarrolló.

De hecho, existen razones importantes para evitar este otro tipo de abordajes en un proceso de ansiedad:

Las sesiones en grupo suelen ser más cortas de lo normal, habitualmente duran menos de una hora. En tan poco tiempo es muy difícil completar el proceso de liberación de memorias, lo cual significa que la persona suele tener que regresar a su casa con traumas abiertos. Esto es una situación que puede ser realmente molesta y causar bastante inestabilidad.

En segundo lugar, para poder acompañar correctamente el proceso de una persona durante una sesión de respiración el terapeuta necesita estar todo el tiempo muy pendiente de la respiración de la persona con la que está trabajando. Este tipo de acompañamiento es prácticamente imposible de ofrecer durante una sesión grupal. De hecho, las sesiones grupales pueden llegar a ser experiencias catárticas sobre las cuales el facilitador tiene poco control.

La respiración en agua caliente es una técnica que permite acceder fácilmente a las memorias de la gestación y el nacimiento. Normalmente hacemos diez sesiones en seco antes de empezar este trabajo. Esto es así porque las sesiones en agua son bastante más intensas y resultan mucho más fáciles y agradables después de que uno ha liberado suficientes tensiones y bloqueos físicos fuera del agua. Para muchas personas empezar a respirar directamente en agua es un trabajo demasiado fuerte, y si estás viviendo un proceso de ansiedad es importante que entres en tu proceso de liberación emocional poco a poco y suavemente.

La técnica que empleamos en las sesiones de respiración en seco es fundamentalmente nasal. Utilizamos muy poco la respiración bucal porque también resulta demasiado intensa y a menudo ineficaz para liberar emociones bloqueadas. La respiración bucal produce sensaciones fuertes, pero no es suave y por tanto no es adecuada para trabajar procesos de ansiedad. La respiración holotrópica es una modalidad de respiración circular bucal que introduce también otros elementos que activan el proceso todavía más intensamente, por lo cual es una técnica que resulta especialmente desaconsejable para trabajar la ansiedad.

La respiración consciente conectada es una técnica sencilla y muy eficaz, pero requiere de una atenta guía individual por parte de un terapeuta experimentado para que puedas ir liberando paso a paso y suavemente toda la carga emocional que está generando ansiedad en tu mente. Así pues, si quieres hacer este proceso busca a un renacedor certificado por el creador del método, Leonard Orr, que trabaje con *sesiones individuales de al menos una hora y media de respiración en seco por la nariz.*

También es importante que confíes en tu proceso y que le des el tiempo y el espacio que se necesita para obtener los mejores resultados. Habitualmente recomendamos hacer un ciclo de diez sesiones individuales para hacer un trabajo eficaz de liberación sobre las memorias del nacimiento, que son las más importantes y las que más desequilibrios causan.

En muchos casos la ansiedad remite en las primeras sesiones, pero es importante no tengas prisa y sigas el proceso paso a paso hasta completar el ciclo. Y después, si tienes la posibilidad de tomar algunas sesiones en agua caliente, podrás hacer un proceso de liberación emocional más completo aún.

7

ALIMENTACIÓN PARA UNA MENTE TRANQUILA

Hambre afectiva

La alimentación tiene tanta relación con las emociones que solamente seguir una dieta adecuada en muchos casos puede ser suficiente para resolver todo el problema de la ansiedad y muchos otros desequilibrios mentales, físicos y emocionales. La dificultad reside en que nuestros malos hábitos de alimentación suelen estar tan arraigados que son necesarios un compromiso y disciplina muy fuertes para hacer los cambios requeridos.

Nuestra alimentación y nuestro mundo emocional están íntimamente conectados desde la etapa de la lactancia. Por desgracia existe una educación sobre la alimentación muy deficiente y un enorme desconocimiento de su influencia en nuestro equilibrio mental. La conexión entre la comida y las emociones es tan fuerte que una gran parte de los alimentos que consumimos no tienen como objetivo alimentar a nuestro cuerpo sino saciar nuestra hambre afectiva.

El hambre afectiva, o como algunos autores la llaman, hambre emocional, tiene su origen en nuestras memorias traumáticas inconscientes de las primeras etapas de vida. Estas memorias traumáticas, como el trauma del nacimiento y el trauma de la desaprobación parental necesitan de un aporte especial de energía, atención y afecto desde nuestro mundo exterior para poder ser equilibradas. Cuando esta atención y este afecto no están presentes dichas memorias tienden a activarse generando emociones negativas y estados de ánimo bajos.

La comida, sobre todo cierto tipo de alimentos, tiene el efecto de sedar la sensación desagradable de soledad, vacío y ansiedad que provocan estas memorias y emociones reprimidas. Por ello es frecuente que las personas que tienen ansiedad presenten también trastornos alimenticios o malos hábitos de nutrición. Si este es tu caso es muy importante que empieces a observar qué comidas estás utilizando para aliviar la ansiedad y en qué situaciones sueles recurrir a ellas.

Las comidas que utilizamos habitualmente para aliviar nuestra ansiedad suelen ser alimentos dulces, salados, picantes o muy especiados, con sabores y texturas especialmente intensos. Las bebidas estimulantes como el café y otras sustancias como el tabaco y el alcohol también suelen consumirse para aliviar la ansiedad. De hecho, todas las adicciones a sustancias y hábitos compulsivos tienen el mismo origen: la necesidad de aliviar la presión causada por las memorias traumáticas cuando estas emergen a la conciencia. Cuanto mayor es el dolor emocional acumulado en nuestra infancia más fuerte tiende a ser la adicción.

El problema es que el alivio que nos proporcionan la comida o las sustancias es solamente pasajero, y después de un tiempo necesitamos una nueva ingesta para recuperar el equilibrio. Finalmente se crea un patrón adictivo que está reforzado a nivel fisiológico por la química que se crea en el organismo al consumir el producto.

Silenciar nuestras emociones con comida o con otras cosas como distracciones, sustancias nocivas y malos hábitos de vida es algo muy común y que de hecho aprendemos a hacer desde edades muy tempranas. A menudo los bebés reciben el pecho como una forma de aliviar su llanto, aunque no exista una verdadera necesidad de alimento. Cuando somos un poco más grandes es frecuente que recibamos dulces o caramelos para aliviar nuestro malestar emocional, o como un premio o un gesto de cariño.

Este condicionamiento a través de la alimentación nos acompañará en nuestra edad adulta de forma que nosotros mismos nos premiamos o nos aliviamos emocionalmente con la comida o con otras cosas que tienen el poder de saturar nuestros sentidos y sedar las sensaciones y emociones desagradables.

Cuando nuestros sentidos están acaparados por la comida o por otras sensaciones placenteras como las que producen el sexo o las drogas, la sensación de incomodidad y vacío que producen las memorias traumáticas y las emociones reprimidas pasa desapercibida, pues toda nuestra atención está enfocada en las sensaciones placenteras que estamos disfrutando.

Disfrutar de las cosas agradables de la vida es algo completamente natural y necesario, pero existen aspectos inconscientes de nuestra mente que utilizan estos estímulos para impedir los procesos de sanación del alma. Y cuando estos aspectos toman el control de nuestra voluntad entonces las cosas placenteras de la vida fácilmente se convierten en adicciones y empiezan a causar todo tipo de problemas.

Así pues, si eres consciente de que existe en tu vida alguna forma de adicción, es importante que te enfoques en transformar ese hábito, pues se trata de algo clave en tu proceso con la ansiedad. Si tienes alguna adicción importante con drogas o alcohol o con hábitos compulsivos como el juego o el sexo, simplemente empieza por ahí y todo lo demás encajará en su lugar. A medida que vayas transformando los hábitos adictivos podrás ir introduciendo cambios en tu estilo de vida, los cuales a su vez facilitarán y harán más rápido y fácil tu proceso de sanación.

La adicción a la comida

Hablemos ahora específicamente de la comida. Si lo que estás observando en tu vida es una adicción a una comida o un grupo de comidas en particular, entonces lo recomendable es que vayas transformando ese hábito estratégicamente. Las comidas que utilizamos con más frecuencia para aliviar nuestra ansiedad o malestar emocional suelen ser:

- Los dulces: en especial el chocolate y los productos industriales de bollería.
- Las bebidas estimulantes: café, té, bebidas energéticas y refrescos con cafeína y azúcar.
- Los snacks elaborados a base de hidratos de carbono y que suelen tener un alto contenido en sal.
- Lácteos.
- Carnes.
- Salsas y condimentos de sabor intenso con alto contenido en azúcar, sal, picante o vinagre.
- Comida rápida y comida procesada (generalmente contienen algunos o todos los ingredientes anteriores para hacerla más sabrosa, lo cual la vuelve también más adictiva).

Es bastante probable que entre todas estas opciones encuentres más de una comida que utilizas cuando sientes ansiedad. Identifica aquella que consumes con más frecuencia y empieza a retirarla de tu dieta. O, si tu hábito es muy fuerte, sustitúyela por un producto menos potente. Por ejemplo: puedes sustituir el café por cereales tostados, los dulces por fruta, y los snacks por frutos secos.

Cuando empieces a retirar estos productos de tu dieta es probable que empiecen a aflorar el hambre afectiva y emociones reprimidas. Esto quiere decir que tu trabajo está funcionando, debes darle tiempo y tener paciencia. Si eres persistente el hambre y las emociones se irán disolviendo poco a poco. Al final de este proceso de limpieza podrás sentirte perfectamente bien sin consumir estas comidas y después de un tiempo ni siquiera las echarás de menos. De hecho, tus nuevos hábitos no solamente te ayudarán a controlar la ansiedad, sino que aumentarán tu vitalidad y mejorarán notablemente tu salud en general.

Por otro lado, algunos de estos productos por sí mismos tienden a aumentar el nivel de ansiedad (especialmente el café y las bebidas estimulantes), y por supuesto que deberías eliminarlos de tu dieta o reducirlos al mínimo.

La adicción al azúcar

El azúcar y los dulces merecen una especial atención. Se trata de sustancias altamente adictivas que fácilmente pueden crear trastornos en nuestro organismo y generan inestabilidad emocional.

El azúcar es sin duda el preferido por la mayoría de nosotros para tapar las emociones negativas. A medida que recurrimos al azúcar para reprimir nuestra ansiedad el hábito de comer dulces se fortalece y cada vez lo hacemos con más frecuencia. Cada vez comemos más veces y cada vez tenemos más hambre. Esta sensación de hambre a lo largo de todo el día es un subproducto de nuestra adicción fisiológica a los azúcares sumada a nuestra hambre emocional, que nunca podremos realmente saciar con comida.

La adicción al azúcar, aunque puede aliviar ocasionalmente nuestra ansiedad, crea grandes altibajos emocionales en nuestra vida además de dependencia fisiológica.

La persona que tiene adicción al azúcar, cada vez que come dulces, pasa rápidamente del malestar emocional a la euforia. Sin embargo, al recurrir al azúcar para aliviar la ansiedad o el malestar emocional éste nunca termina de liberarse y tiende a reaparecer tan pronto como comienza a bajar el nivel de glucosa en sangre. Ello obliga a la persona a comer productos azucarados recurrentemente a lo largo del día.

El consumo compulsivo de dulces es una verdadera adicción y debemos afrontarla de esa manera. El azúcar puede resultar tan adictiva como el alcohol o el tabaco, algunos estudios consideran que es más adictiva que la cocaína. La adicción al azúcar sirve además como refuerzo para muchas otras adicciones a sustancias y hábitos nocivos.

Reducir al mínimo posible el consumo de azúcar es sin duda una de las mejores medidas que podemos tomar para controlar la ansiedad y para mejorar la salud. Si ya lo tienes claro no pienses que es algo muy difícil, solamente requiere compromiso de tu parte y estar dispuesto a pasar un poco de hambre. Los primeros días es posible que sientas hambre repetidamente a lo largo del día, pero después de unas semanas (normalmente entre dos y cuatro) empezarás a sentirte perfectamente bien sin comer dulces y tus niveles de ansiedad disminuirán drásticamente. Además de ello tu energía se mantendrá en un nivel más alto y estable a lo largo de la jornada.

Carne y pescado

El consumo de la carne y el pescado, especialmente el consumo de las carnes rojas, también contribuye a generar desequilibrio emocional y ansiedad. Existen varios factores que causan estos desequilibrios al consumir carne o productos procedentes de animales. El más importante de ellos es que la energía emanada de las emociones negativas de los animales al morir es absorbida por nuestro propio cuerpo emocional cuando los consumimos. Los animales tienen emociones intensas y sufren muchísimo miedo cuando viven en cautividad y cuando son capturados y matados. Por ello debemos tratar de reducir todo lo posible la ingesta de animales, especialmente la carne procedente de otros mamíferos, que son animales más sensibles y por ello sufren más y experimentan emociones más intensas al vivir en cautividad y morir violentamente.

En Renacimiento se aconseja llevar una dieta vegetariana lo más limpia posible. Este tipo de alimentación no solamente es más saludable para nuestro organismo, sino que tiene un efecto muy beneficioso sobre el equilibrio de nuestra mente y nuestras emociones. Si estás preparado para ello, empieza cuanto antes con estos cambios y mantenlos. Es posible eliminar la mayoría de las formas de ansiedad solamente haciendo una dieta vegetariana estricta baja en azúcar e hidratos de carbono.

Ayunos

Si ya has experimentado la dieta vegetariana y te sientes animado, te recomendaré uno de los ejercicios que practicamos en Renacimiento para sanar emociones reprimidas y para equilibrar nuestra mente y nuestro organismo: el ayuno.

El efecto que tiene esta práctica es básicamente el mismo que tiene eliminar los productos adictivos de tu dieta o hacer una dieta vegetariana, solo que es un poco más intenso. Al dejar de comer durante un día eliminamos muchos estímulos sensoriales que recibimos habitualmente a través de la alimentación y esto permite crear un espacio nuevo en nuestra conciencia donde pueden aparecer y transformarse las emociones reprimidas y las memorias traumáticas. El ayuno es una forma de limpieza no sólo física sino mental.

Hacer un día de ayuno a la semana con líquidos como caldos vegetales e infusiones es uno de los hábitos más saludables que una persona puede incorporar a su vida. Si tienes ansiedad es probable que ésta se active o intensifique durante unas horas en tu día de ayuno para dar paso a una profunda limpieza emocional. También es posible que sientas algunas molestias pasajeras como dolor de cabeza y hambre si no estás acostumbrado. Te recomiendo que vayas poco a poco. Puedes también hacer un ayuno de medio día o simplemente empezar a saltarte alguna comida como el desayuno o la cena y ver cómo te sientes hasta que te veas capaz de hacer un día completo. Un ayuno de un día al mes es una práctica ideal para empezar y hará que tu proceso de ansiedad se complete mucho más deprisa.

Es importante que durante tu ayuno no tengas que atender compromisos, hablar con gente o trabajar. Es un día para estar contigo, donde puedes observar y atender tus propios procesos mentales. Es recomendable que uses un cuaderno para apuntar todas las cosas que irás descubriendo sobre ti. El día de ayuno será más eficaz si evitas el contacto social y actividades que te distraigan. Puedes leer, pasear, hacer yoga, tomar baños y trabajar con tus afirmaciones.

Si estás tomando medicación para la ansiedad o algún otro tipo de medicación psiquiátrica, o si estás en una fase aguda del proceso, esta práctica puede resultar demasiado intensa. Para empezar a trabajar con tu alimentación el siguiente ejercicio te ofrece una pauta segura para empezar y a medida que avances en tu proceso podrás ir profundizando en esta parte del trabajo personal. Lo más importante es que vigiles el consumo de azúcar y elimines el alcohol completamente.

Ejercicio 20

Depurando tu dieta

Toma una semana para observar tu alimentación. Haz una lista de todas las cosas que comes por hábito o adicción. Por ejemplo: dulces, café, chocolate, bebidas alcohólicas, aperitivos, patatas fritas, etcétera. A continuación, selecciona aquellas que sabes que te sientan mal (te producen diarrea, estreñimiento, gases, reflujo o digestiones largas).

Durante las siguientes semanas irás suprimiendo una de estas comidas cada vez, de modo acumulativo, hasta que hayas eliminado todos los productos dañinos de tu alimentación.

Si crees que tienes una adicción fuerte a los dulces puedes hacer el mismo ejercicio, pero solamente con los alimentos azucarados. Cada semana debes retirar un producto hasta que consigas pasar un mes completo sin tomar productos con azúcar. Deberías incluir en esta dieta zumos de frutas, chucherías, cualquier tipo de bebida azucarada, además de pasteles, bollería, etcétera. Cualquier otro endulzante artificial también debe ser incluido en la lista.

Deberás también evitar sustituir los dulces por otros productos procesados, altos en hidratos de carbono, harinas o comidas poco saludables. Puedes consumir la cantidad de fruta habitual, pero no más. Debes permanecer atento para no sustituir una adicción por otra.

8

EJERCICIO FÍSICO

El ejercicio físico, junto con el cuidado de la alimentación, es uno de los mejores ansiolíticos y antidepresivos naturales que existen.

Si observas de nuevo el esquema del funcionamiento de la conciencia de la página 134, verás que el organismo físico es uno de los cuatro elementos principales para el equilibrio de este sistema. Cuando estamos en modo automático tiende a aumentar la actividad de cada uno de los elementos del sistema. En el cuerpo esto se relaciona con un aumento de la tensión muscular y rigidez postural.

El sedentarismo hace que este estado de tensión y rigidez corporal se cronifique, lo cual, a su vez, desequilibra nuestro estado de ánimo y la actividad mental. Como regla general, una cantidad adecuada de actividad física tiende a regular de forma natural la intensidad de nuestros procesos mentales. Esto es debido a que el ejercicio físico, junto con una buena respiración, activa y moviliza nuestra energía. Y cuando nuestra energía fluye de forma adecuada la mente sólo puede estar en equilibrio.

De hecho, la inmovilidad física es también una forma de inmovilidad mental, es una manera de proteger nuestra zona psicológica de confort. Pero cuando la inmovilidad es llevada demasiado lejos hay muchas más posibilidades de sufrir diferentes formas de desequilibrio en nuestros pensamientos y en nuestras emociones.

En la sociedad actual, donde la mayoría de los trabajos requieren una cantidad de ejercicio físico muy reducida, es necesario complementar nuestra actividad con rutinas de ejercicio, deporte o actividades que impliquen un uso activo y dinámico de nuestro cuerpo. Sin este complemento nuestra mente es mucho más vulnerable al desequilibrio.

El nivel de intensidad de la actividad física requerida para mantener el equilibrio de nuestra conciencia puede variar de una persona a otra dependiendo de su edad y circunstancias, pero por regla general se necesita alrededor de una hora al día de ejercicio físico moderado para satisfacer nuestras necesidades básicas de movimiento y actividad. Este ejercicio puede ser caminar, andar en bicicleta, correr, nadar, bailar, o practicar un deporte que nos guste.

Otras formas de ejercicio más suaves, pero también muy beneficiosas para el equilibrio de nuestras emociones, son las disciplinas psicofísicas como el yoga, taichí, chikung, la danza, y actividades físicas suaves como cultivar la tierra, cuidar un jardín, o simplemente pasear por la naturaleza.

Si tienes ansiedad y no estás haciendo ejercicio físico es importante que empieces a equilibrar esta parte de tu vida. Establecer una rutina de ejercicio o practicar un deporte regularmente aumentará tu confianza y autoestima y aportará una base firme sobre la cual podrás empezar a manejar tu ansiedad mucho más fácilmente.

Al practicar ejercicio de esta manera estarás sacando a tu mente de su zona de confort, y por tanto es posible que experimentes sensaciones, pensamientos o emociones incómodas. Esto es habitual y correcto para tu proceso. Como siempre, si continuas con el ejercicio llegarás a un punto de estabilidad y calma en el cual todas las molestias se disolverán. Si no es así solamente ten paciencia, sé constante y verás el cambio que deseas después de unos días.

Ejercicio 21

Entrenamiento físico

Como ejercicio para este capítulo te propongo que utilices tu inventario del capítulo primero (página 41) y busques una hora al día para hacer trabajo corporal. Empieza por aquello que te resulte más sencillo y divertido. Si te gusta pasear, camina; si te gusta montar en bici, ve en bici; háztelo agradable. Haz este mismo ejercicio, en el mismo lugar, a la misma hora, durante al menos una semana. Después de siete días puedes cambiar de actividad si lo deseas. Debes completar al menos un mes de ejercicio una hora al día, en el mismo lugar, a la misma hora, y verás un cambio extraordinario en tu vida.

9

LA LIMPIEZA DEL CUERPO ENERGÉTICO

La naturaleza está llena de recursos invisibles para restaurar nuestro equilibrio físico y mental. Para la mayoría de las personas la naturaleza es un lugar ideal donde sanar más rápida y eficazmente un proceso de ansiedad.

Como has visto a lo largo de estas páginas, siempre que se despierta una crisis de ansiedad en nuestra mente quiere decir que existen emociones reprimidas y memorias que pugnan por salir a la conciencia y liberarse.

Para la mente humana resulta mucho más sencillo crear el espacio necesario para transformar estas memorias y emociones en un lugar tranquilo y silencioso, alejado de la actividad cotidiana y el estrés psicológico. La actividad mental acelerada que imponen la vida en la ciudad y el entorno laboral hace que la mente no pueda descansar. Pero la mente necesita espacio, descanso y silencio para poder digerir y transformar todo el material que la vida le trae. En la naturaleza puedes recuperar fácilmente la conexión con tu alma y con tu conocimiento innato, puedes recuperar la claridad y comprender lo que te está sucediendo.

Cualquier lugar natural en el que te encuentres a gusto es el lugar ideal para dedicar unos días para tu propio proceso. Algunas personas quizá sólo necesiten unas horas.

Contaminación energética emocional

A continuación, presentaremos un caso especial pero cada vez más frecuente que aún no habíamos tratado. La causa de la ansiedad de algunas personas no es un proceso de cambio o sanación sino más bien un tipo de estrés energético. Esta forma de ansiedad es causada por un fenómeno que en Renacimiento llamamos *contaminación energética emocional.*

La contaminación energética emocional es una energía impregnada de información negativa (pensamientos, emociones y hábitos de vida) que se acumula en lugares donde las personas pasan mucho tiempo o viven experiencias estresantes. La mayoría de estos lugares se ubican en el entorno urbano.

Algunos sitios donde la contaminación energética emocional puede ser muy densa son las prisiones, los hospitales, tanatorios, centros de salud mental, discotecas y lugares de trabajo con alto nivel de estrés.

La contaminación energética emocional también prolifera en los supermercados, en el transporte público, en los centros de trabajo e incluso en los hogares si no se ventilan correctamente y hay malos hábitos o falta de armonía entre las personas que los habitan. Las personas que trabajan o pasan muchas horas en estos sitios tienden a absorber y acumular esta energía negativa en su cuerpo emocional.

El contacto cercano con personas que acumulan muchas emociones negativas también es una fuente de contaminación energética emocional.

La contaminación energética emocional puede hacerte sentir pesado, deprimido y falto de vitalidad. También puede contagiarte sentimientos y pensamientos negativos de otras personas.

Algunas personas son altamente sensibles a esta energía y tienden a absorber más contaminación energética emocional que las demás. Para las personas más sensibles esta acumulación de contaminación energética puede generar un enorme estrés emocional y ansiedad. Si este es tu caso probablemente ya lo sepas, y si no lo sabes aún pronto te darás cuenta de ello.

Para estas personas la manera más sencilla de recuperar su equilibrio, eliminar la ansiedad y limpiarse de la contaminación energética emocional es estar frecuentemente en contacto directo con la naturaleza.

Los espacios naturales absorben la contaminación energética y e impiden su acumulación. A veces un paseo de una hora puede ser suficiente. A veces puede ser necesario estar unos días a solas. Algunas personas tal vez necesiten vivir permanentemente en un lugar en la naturaleza aislado de las energías de la ciudad.

A medida que la contaminación energética se va disipando tu mente vuelve a estar en calma y tu cuerpo se va relajando solo.

Prácticas de purificación con los elementos naturales

Para las personas que sufren este tipo de ansiedad por absorción de energías negativas, una forma extremadamente rápida y sencilla que utilizamos en Renacimiento para limpiar la contaminación energética emocional son las prácticas con los elementos naturales:

- Agua: consiste en tomar baños en agua caliente como explicamos el capítulo quinto.
- Fuego: es el elemento más eficaz para limpiar la contaminación energética. Haz un fuego en la chimenea o una hoguera en el campo y siéntate junto al él. Después de unos minutos comenzarás a sentirte mucho más ligero. Puedes estar tanto tiempo como necesites, incluso puedes dormir a lado de la chimenea y dejar que el fuego actúe.
- Aire: una sesión de respiración consciente conectada puede limpiar una enorme cantidad de contaminación energética.
- Tierra: las prácticas con este elemento se refieren principalmente al ejercicio físico, al contacto con la naturaleza y al cuidado de la alimentación. El ayuno es una técnica que permite limpiar la contaminación energética de manera muy eficaz.

Estas prácticas se enseñan habitualmente en retiros y entrenamientos especiales de Renacimiento. Si eres del tipo de personas que acumulan contaminación energética emocional de los demás deberías hacer algún taller para aprenderlas. La experiencia que proporcionan estas prácticas es verdaderamente única y verás que es muy sencillo hacerlas por ti mismo.

Otra cosa que deberías observar es tu relación con las personas. Tal vez haya gente o ambientes en tu vida a través de los cuales estás absorbiendo esta energía. Además de utilizar todos estos recursos es importante que aprendas a protegerte de estas situaciones y a no comprometer tu equilibrio y bienestar.

Ejercicio 22

Regálate un retiro en la naturaleza

Si te sientes cómodo con la idea de pasar tiempo en soledad esta práctica puede ser muy beneficiosa. Si aún estás tomando medicación para la ansiedad es recomendable que esperes a terminar el tratamiento para hacer esta práctica.

Busca un lugar especial para ti en la montaña o en la playa. Este lugar será tu santuario. Debes pasar allí todo el tiempo que puedas. Si dispones de varios días notarás un cambio abrumador. Puedes llevar tus lecturas preferidas, trabajar con tus afirmaciones, meditar, practicar yoga y pasear por la naturaleza. Si dispones de chimenea y bañera ya lo tienes todo para hacerte tu propio retiro de purificación. Puedes tener comunicación con otras personas, pero debes ir solo. También deberías limitar el uso del teléfono móvil, televisión e internet al mínimo posible.

10

BIENVENIDO A LA VIDA

Si has llegado hasta aquí en tu lectura del libro y has hecho los ejercicios propuestos te felicito por tu trabajo y tú deberías felicitarte también. Puedes estar seguro de que todo lo que has hecho dará pronto sus frutos.

Soy consciente de la dificultad de asimilar tanta cantidad de contenidos, así que no te preocupes si no has entendido todo o no has seguido todos los ejercicios al pie de la letra. Lo que hagas será suficiente en este momento de tu vida. Cada vez que vuelvas a leer el libro profundizarás un poco más en tu proceso.

Recapitulando

A modo de conclusión, me gustaría volver sobre las ideas más importantes de cada capítulo para reforzarlas y que te sirvan de apoyo en tu proceso.

Estas son las temáticas principales que hemos ido tratando a lo largo del libro.

La ansiedad no es peligrosa

Aunque puede llegar a convertirse en un proceso sumamente desestabilizador, la ansiedad no es una enfermedad sino una reacción habitual y natural de la mente ante los cambios que aparecen en nuestra vida. Cuando decidimos etiquetar este proceso como una enfermedad, de forma implícita también estamos renunciando a una parte importante de nuestro poder personal y a la responsabilidad sobre nuestro proceso, lo cual resulta totalmente ineficaz para abordar la ansiedad. De hecho, una de las cosas más importantes que la ansiedad nos enseña es a empezar a controlar nuestra mente, de la cual somos maestros y responsables en todo momento.

Debes saber también que no eres un caso extraño, solamente las mentes extremadamente rígidas pasan por la vida sin saber lo que es la ansiedad. La ansiedad no es nada de lo que uno deba avergonzarse. Es un indicador de una mente que está despertando y de un alma que está viva.

Recuerda que el enfoque correcto para abordar la ansiedad consiste en esforzarse por comprenderla lo más profundamente posible. La ansiedad es parte de ti, es una energía que está desequilibrada pero que te pertenece. Por lo tanto, no puedes resolver el problema tratando de eliminarla como un cirujano extirpa una parte del cuerpo enferma. Solamente puedes transformar esta energía. La ansiedad se transforma cuando somos capaces de integrarla en nuestra conciencia. Cuando la ansiedad es integrada, la misma energía que antes resultaba perturbadora empieza a llenar tu vida de alegría y tus proyectos de fuerza e inspiración. Sanar la ansiedad es un proceso de crecimiento y aprendizaje sobre ti mismo que requiere de tu compromiso personal.

Tu alma tiene un mensaje importante para ti

La ansiedad es una forma en la cual el alma se comunica con nosotros cuando nuestros pensamientos hacen demasiado ruido como para que podamos recibir sus consejos.

Para la mayoría de nosotros su mensaje puede resumirse en cuatro ideas:

- **Hazte responsable** de tu vida y de tu mente: comprométete contigo, tú eres el centro de tu vida y la causa última de todo lo que sucede en ella. Tienes el poder que necesitas para poner orden en tu vida y en tus emociones.
- **Deja de resistirte** a lo que estás sintiendo y experimentando en tu vida. La vida está de tu parte, confía en que el proceso que estás viviendo te llevará a un lugar mejor.
- **Escúchate a ti mismo**: es el momento de empezar a buscar las respuestas dentro de ti, a confiar en tu propio criterio y dejar preocuparse por la opinión que otras personas puedan tener sobre ti.
- **Sé auténtico**: ya no necesitas seguir ocultando lo que piensas y sientes. La vida te está invitando a soltar el miedo a ser tú mismo.

Es importante entender cómo funciona la mente para aliviar la presión de la ansiedad

Nuestra mente es como un superordenador lleno de programas y funciones que nos puede llevar toda la vida aprender a usar.

La ansiedad aprovecha nuestra ignorancia supina acerca de nuestra propia mente para asustarnos con ideas terroríficas y tratar de evitar que crezcamos.

La ansiedad es un fallo habitual del sistema de seguridad de la mente, el cual se activa de modo automático debido a las experiencias traumáticas que hemos vivido cuando éramos muy pequeños.

Las experiencias traumáticas que vivimos de pequeños crean una falsa imagen de nosotros mismos. Esta imagen nos protege del dolor emocional y del miedo a no ser amados. Cuando nuestra falsa autoimagen se siente amenazada tiende a inflamarse, a hacerse susceptible, hipersensible. Esto es la ansiedad.

Por lo tanto, para atravesar con éxito el proceso de la ansiedad es fundamental transformar la idea que tenemos de nosotros mismos y empezar a encontrar el amor en nuestro interior. Todo el trabajo que proponemos en este libro está encaminado a conseguir estos dos objetivos.

La ansiedad es una reacción natural de la mente ante el cambio

Cada vez que salimos de nuestra zona conocida y nos adentramos en nuevas áreas de experiencia, la idea que tenemos de nosotros mismos también cambia. Y mientras creamos una nueva autoimagen más adecuada a los desafíos que nos propone nuestra vida actual es normal y habitual experimentar ansiedad.

Algunas etapas y experiencias de la vida implican cambios dramáticos en la forma de percibir el mundo y a uno mismo. Independizarse, formar una familia, viajar a otro país, perder a un ser querido, son experiencias naturales de la vida humana cuyo impacto en el alma se experimenta a menudo como una crisis de ansiedad. Pero la ansiedad en sí misma no es una enfermedad de la mente sino un proceso natural de crecimiento hacia una conciencia más abarcadora y amorosa.

Relájate y confía

Cuando las emociones reprimidas durante mucho tiempo comienzan por fin a salir a la superficie lo suelen hacer en forma de sensaciones físicas y percepciones extrañas como calor, frío, dolores agudos, mareos y otros síntomas. Todas estas sensaciones son habituales y naturales e indican que el cuerpo y la mente por fin se están relajando y que el proceso de la ansiedad se está desarrollando correctamente. Entender a qué se deben realmente todas estas manifestaciones te ayudará mucho a aliviar la ansiedad.

Aprende a respirar

La respiración y el pensamiento son dos engranajes íntimamente conectados del sistema de la conciencia. Controlando la respiración controlas tu mente. Recuerda que la ansiedad siempre se activa con una respiración superficial, brusca, rápida e irregular. Por el contrario, una respiración profunda, suave, lenta y regular desactiva inmediatamente la ansiedad.

Aprender a respirar correctamente es un proceso que requiere tiempo, pero observarás resultados espectaculares sobre la ansiedad desde el primer día. Si no necesitas tomar medicación y quieres hacer tu aprendizaje y tu proceso con la ansiedad mucho más rápido y sencillo deberías tomar diez sesiones de respiración individuales con un terapeuta de Renacimiento certificado.

Vigila tu alimentación

Cómo te alimentas tiene un enorme impacto sobre tus emociones. Transformar tu dieta te permite sanar muchísimas emociones reprimidas y lograr cambios rápidos en tu vida. Es especialmente importante que trabajes en eliminar la adicción al azúcar u otras adicciones a sustancias o hábitos compulsivos. Llevar una dieta vegetariana es garantía de salud y equilibrio emocional. La ansiedad puede ayudarte a transformar por completo tu alimentación para que ganes en tiempo y calidad de vida.

Moviliza tu cuerpo

Un cuerpo inmóvil es terreno abonado para la ansiedad y otros desequilibrios de la mente y las emociones. Una hora al día de ejercicio físico moderado puede ser suficiente para lograr un cambio drástico en tu estado de ánimo.

Pasa tiempo en la naturaleza

El estrés de la vida en las ciudades y la presión de la actividad laboral obligan a la mente a un esfuerzo agotador. Este ambiente es también una fuente de contaminación energética emocional: pensamientos y emociones negativas de otras personas que nos afectan como si fueran propios.

La naturaleza tiene el poder de limpiar esta contaminación energética y equilibrar los procesos del cuerpo y de la mente de manera natural.

Si percibes que te afecta especialmente la energía negativa de otras personas evita exponerte innecesariamente y utiliza las prácticas de purificación con los elementos naturales a diario para eliminarla y recuperar la conexión natural contigo.

Observaciones finales

Toma el tiempo que necesites para sanar tus emociones

Ahora que sabes que la ansiedad es un proceso normal propio de una mente sana, inteligente y sensible puedes relajarte y hacer las cosas a tu propio ritmo.

Ahora que sabes que la ansiedad es solamente la expresión de una energía que te pertenece y que necesitas para vivir la vida que deseas, puedes hacer las paces con ella. Ya no necesitas luchar contra la ansiedad ni arrancarla de ti.

Ahora que has aprendido a darle un lugar adecuado en tu vida empezarás a experimentar esta energía de una forma que no creará desequilibrio ni molestias sino inspiración y fuerza para crear tus sueños.

Como has visto, la ansiedad es un proceso espontáneo de liberación de emociones reprimidas y sanación de memorias traumáticas almacenadas en el inconsciente. Es posible y deseable que desaparezca pronto, o bien que vaya suavizándose poco a poco hasta que ya no te moleste, pero el proceso de sanación de nuestro niño interior herido es de hecho un trabajo para toda la vida. A medida que vayas avanzando en este proceso irás descubriendo más cosas sobre ti mismo que harán tu vida cada vez más rica y plena. Las prisas son parte del problema y no de la solución. Así que no te apresures por llegar a ningún sitio, ya estás en el lugar adecuado haciendo lo que debes hacer.

La actitud es más importante que la técnica

Las técnicas son importantes y pueden ayudarte a hacer el proceso más fácil, rápido y suave. Pero lo más importante de todo es tu propia actitud ante el proceso. Invita a tu vida una actitud de no resistencia, autenticidad y responsabilidad sobre ti mismo. Es muy importante que empieces a observarte directamente, a escucharte y a ser sincero con lo que sientes acerca de las experiencias que te trae la vida. Todas las personas necesitamos hacer este trabajo de reconocimiento y aceptación interior en algún momento, y la ansiedad solamente nos indica que ha llegado la hora de empezar. Por otro lado, cuanta más responsabilidad seas capaz de asumir en tu proceso, mejores y más rápidos serán los resultados que consigas.

Ahora que sabes que tu mente funciona perfectamente bien, lee y practica con espíritu investigador, intentando conectar con el placer de aprender de ti mismo y de la vida, sin obsesiones ni tensión. Si lo haces de este modo los resultados te sorprenderán.

Sé suave y amable contigo

La ansiedad se puede hacer más pesada y desagradable cuando nos aislamos de los demás. Apóyate en otras personas en quienes puedas confiar, sigue un tratamiento si lo necesitas y acude a un profesional de tu confianza si tienes posibilidad. Lo harás más fácil y agradable para ti. ¿Con cuánto amor y suavidad eres capaz de tratarte a ti mismo? Si no necesitas tomar medicación y puedes recibir sesiones de respiración con un renacedor certificado ello acortará y facilitará tu proceso incalculablemente. Si ya estás haciendo un tratamiento con un terapeuta complétalo y sigue las instrucciones del profesional que te acompaña. Este libro es una ayuda para hacerlo todo más fácil, pero puedes y debes utilizar todos los recursos disponibles para ti.

Bienvenido a la vida

La ansiedad es una llamada de tu propio ser para empezar a vivir tu verdadera vida. Pronto empezará a aparecer un espacio nuevo en tu mente donde florecerán inspiraciones para vivir de una forma más alineada con tu verdadera naturaleza. Si te mantienes abierto vendrán a ti oportunidades maravillosas de crecimiento y libertad. En adelante tus relaciones serán cada día más una fuente de placer, enriquecimiento mutuo, paz, armonía y diversión.

BIBLIOGRAFÍA RECOMENDADA

Aron, Elaine: *El don de la alta sensibilidad*, Obelisco, 2006.

Chopra, Deepak: *¿De qué tienes hambre?*, Urano, 2014.

Nhat Hanh, Tich: *Miedo*, Kairós, 2013.

Orr, Leonard: *Ejercicios respiratorios conscientes para todos*, C.S. Ediciones, 1991.

Orr, Leonard: *Manual de sanación*, Visión Libros, 2011.

Orr, Leonard: *The New Rebirthing Book*, Inspiration University, 2002 (se puede adquirir a través de la página web de Rebirthing Breathwork International, www.rebirthingbreathwork.com).

Reich, Wilhelm: *Análisis del carácter*, Paidós, 2010.

Ruiz, Miguel: *Los cuatro acuerdos*, Urano, 1988.

Servan-Schreiber, David: *Curación emocional*, Debolsillo, 2010.

Tolle, Eckhart: *El poder del ahora*, Grijalbo, 2012.

Van Laere, Fanny y Orr, Leonard: *Manual para el desarrollo de la consciencia*, Neo-Person, 2014.

Verny, Thomas y Kelly, John: *La vida secreta del niño antes de nacer*, Urano, 2022.

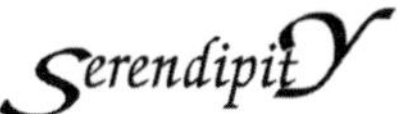

Directora: Olga Castanyer

Últimos títulos publicados

191. *La magia de la PNL al descubierto.* Byron Lewis
192. *Tunea tus emociones.* José Manuel Montero
193. *La fuerza que tú llevas dentro. Diálogos clínicos.* Antonio S. Gómez
194. *El origen de la infelicidad.* Reyes Adorna Castro
195. *El sentido de la vida es una vida con sentido. La resiliencia.* Rocío Rivero López
196. *Focusing desde el corazón y hacia el corazón. Una guía para la transformación personal.* Edgardo Riveros Aedos
197. *Programa Somne. Terapia psicológica integral para el insomnio: guía para el terapeuta y el paciente.* A.M. González Pinto • C. Javier Egea • S. Barbeito (Coords.)
198. *Poesía terapéutica. 194 ejercicios para hacer un poema cada día.* Reyes Adorna Castro y Jaime Covarsí Carbonero
199. *Abre tu consciencia.* José Antonio González Suárez y David González Pujana (2ª ed.)
200. *Ya no tengo el alma en pena.* Rosse Macpherson
201. *Ahora que he decidido luchar con esperanza. Guía para vencer el apetito.* José Luis López Morales, Enrique Javier Garcés De Los Fayos Ruiz
202. *El juego de la vida Mediterránea.* Mauro García Toro
203. *16 Ideas para vivir de manera plena. Experiencias y reflexiones de un médico de familia.* Daniel Francisco Serrano Collantes
204. *Transformación emocional. Un viaje a través de la escritura terapéutica.* N. Mendive
205. *Acompañar en el duelo. De la ausencia de significado al significado de la ausencia.* Manuel Nevado, José González (2ª ed.)
206. *Quiero aprender... a conocerme.* Olga Cañizares, Domingo Delgado (2ª ed.)
207. *Quiero aprender cómo funciona mi cerebro emocional.* Iván Ballesteros (2ª ed.)
208. *Remonta tu vuelo. Más allá de la fibromialgia hacia una nueva vida.* F. Gallastegui (2ª ed.)
209. *Vivir con el trastorno límite de la personalidad. Una guía clínica para pacientes.* Álvaro Frías Ibáñez (2ª ed.)
210. *Quiero aprender a quererme con asertividad.* Olga Castanyer (3ª ed.)
211. *Póker a la dieta. El juego para alcanzar tu peso ideal y mantenerlo de una forma natural y sencilla.* Federica Trombetta
212. *Recupera tu autonomía y bienestar personal.* José Antonio González Suárez
213. *¿A qué he venido yo aquí? Guía para comprender y mejorar la memoria.* Laura Vera
214. *Quiero aprender... a ser más eficiente en el trabajo.* Yolanda Cañizares Gil
215. *Vivir con una persona con Trastorno Límite de la Personalidad. Una guía clínica para familiares y allegados.* Álvaro Frías Ibáñez (Editor) (4ª ed.)
216. *La preocupación inútil.* Laura Vera Patier (2ª ed.)
217. *Esto de ser humano. Contemplando la luz a través de la herida.* B. Rodríguez Vega (2ª ed.)
218. *La felicidad: qué ayuda y qué no. Psicología para entendernos.* L. Martín Borges
219. *Alteraciones de la identidad en personas con Trastorno Límite de la Personalidad. Una guía clínica para una psicoterapia colaborativa entre paciente y profesional.* Álvaro Frías (Ed.)
220. *Disfruta en escena. Y olvida tus miedos.* Elena Martín Calvo
221. *Mente plena, corazón contento. Un programa de Mindfulness y Regulación Emocional.* Gonzalo Pereyra Sáez
222. *Quiero aprender... a gestionar mi estrés.* Elena Mendoza - Carmen Castro (2ª ed.)
223. *Mi único sí. Aprendizajes de un cáncer.* Ana Cardona
224. *Altamente capaces (y divergentes).* Rafael Pardo Fernández - Luz González Rubin
225. *Las 7 tareas espirituales del duelo.* José Carlos Bermejo (2ª ed.)
226. *Otromundo. Descubrirlo, vivirlo, comprenderlo. Una guía de viaje al mundo de las personas con demencia.* Erich Schützendorf - Jürgen Datum

227. *Reactívate. Menos medicamento y más movimiento.* Antonio Jesús Casimiro Andújar - José Antonio Sande Martínez (2ª ed.)
228. *Meditación y creación literaria. Aprende a vivir y a escribir mejor.* Pilar Blanco
229. *Me cuesta estar bien.* Rocío Rivero
230. *Cuaderno de trabajo para el cambio de hábitos. Cómo romper hábitos negativos e instalar hábitos positivos.* James Claiborn / Cherry Pedrick
231. *¿Tengo un trauma corporal? Herramientas somáticas para sentirte seguro con tu cuerpo.* Erika Shershun
232. *Conoce tu ansiedad y aprende a gestionarla. Una visión integradora de la ansiedad.* Publio Vázquez
233. *Psicología positiva: aprende a ser feliz con la ciencia del bienestar.* Iago Taibo
234. *La mesa de la vida. Manual contra el sufrimiento y la desesperanza.* Enrique Galindo
235. *La asertividad por dentro y por fuera.* Olga Castanyer - Elena Villar
236. *Dinámicas de grupos. Aprende a convivir, trabajar y dirigir grupos.* J. García Forcada
237. *Cuaderno de trabajo para la ira basado en la Terapia de Aceptación y Compromiso (ACT). Gestionar nuestras emociones y recuperar nuestra vida.* M. O'Connell - R. Walser
238. *Da vida a tus sueños. 12 caminos para crecer y despertar.* Magda Barceló
239. *Bondad práctica y radical. Yo conmigo Yo contigo Nosotros y Nosotras.* José Luis Bimbela
240. *Sanar la ansiedad. Técnicas de respiración consciente y desarrollo personal para transformar la ansiedad en la vida que deseas.* Iván Sánchez

Serie MAIOR

61. *Trauma y presencia.* Peter Bourquin (Ed.)
62. *Personas altamente sensibles. Claves psicológicas y espirituales.* Rafael Pardo (2ª ed.)
63. *El eneagrama, el origen. Libro de consulta.* Macarena Moreno-Torres
64. *¿Por qué la gente a la que quiero me hace daño? Neurobiología, apego y emociones.* Manuel Hernández Pacheco (3ª ed.)
65. *El corazón de la sexualidad. La revolución de los afectos.* Alberto Mena Godoy
66. *Manual para dominar los pensamientos ansiosos. Habilidades para superar los pensamientos intrusivos no deseados que nos llevan a la ansiedad, las obsesiones y la depresión.* David A. Clark
67. *Manual de Gestión emocional para médicos y profesionales de la salud. Transformar la vulnerabilidad en recursos.* Belén Jiménez Gómez
68. *Psicología transpersonal para la vida cotidiana. Claves y recursos.* E. Martínez Lozano
69. *Viaje a tu cerebro. El arte de transformar tu mente.* Rosa Casafont i Vilar (2ª ed.)
70. *Apego, disociación y trauma. Trabajo práctico con el modelo PARCUVE.* Manuel Hernández Pacheco (4ª ed.)
71. *Cuaderno de trabajo de los pensamientos negativos. Habilidades de la TCC para superar la preocupación, la vergüenza y la rumiación repetitivas que impulsan a la ansiedad y la depresión.* David A. Clark, PhD
72. *¿Quién soy? De la disociación a la integración.* Peter Bourquin / M. Salvador (2ª ed.)
73. *Las obsesiones y el trastorno obsesivo-compulsivo. Una adicción al pensamiento. Entenderlos y superarlos con el modelo PARCUVE* Manuel Hernández Pacheco
74. *Gestalt en la práctica. Propuestas y ejercicios.* Ángeles Martín y Carlos Matesanz
75. *Orientación psicológica ante el duelo por un suicidio.* Daniel Olmos
76. *Cómo retener los recuerdos. Sensojuegos terapéuticos para estimular la fijación de la memoria y la retención de los recuerdos en el Alzheimer y otras patologías.* Carles Bayod
77. *Aprendiendo a habitarnos. Un modelo de intervención psicoterapéutica con personas con historia de trauma.* Pepa Horno Goicoechea
78. *Violencia vicaria. Golpear donde más duele.* Sonia Vaccaro
79. *Reconocer y superar las relaciones tóxicas y la dependencia emocional. El apego adulto y el modelo PARCUVE.* Manuel Hernández Pacheco